南懷瑾文化

我說參同契

中冊

南懷瑾／講述

目錄

中冊

第二十七講 20
君臣御政章第五 20
打坐的好處 21
修道的關鍵重點 25
不受感動 29
天心為主的金丹 32
第二十八講 37
煉丹的初步 37
六根大定結丹 39
氣脈真通與變化 42
修道誰做主 47
你懂得火候嗎 51

第二十九講 55

鍊己立基章第六 55
養生與修道 56
先管嘴再管心 59
找不到的東西 63
鉛汞代表什麼 66
先天一炁來了 69

第三十講 71

修道百字銘 72
肌膚潤澤了 76
一是什麼 78
如何能得一 81
一產生一切 84

第三十一講 87

一到底是什麼 87

谷神與本性 90

兩竅互用章第七 94

兩竅互用 95

上德與下德 97

第三十二講 101

上竅與下竅的功能 101

上下氣平衡交換 105

性命與祖炁 107

一升一降的法門 110

黑白是什麼 113

第三十三講 118

光明來自黑暗 118
金水與修道 120
轉河車 123
成道的狂人 126
第三十四講 129
玉液還丹怎麼來 129
若有若無的境界 132
若有若無之後如何 135
功德圓滿　脫胎換骨 138
脈解心開之後 142
第三十五講 145
明辨邪正章第八 145
正道　邪道 146
導引法　祝由科 149

旁門左道也不錯 152
拜北斗與奇門 155
第三十六講 159
各種旁門修法 159
五鬼搬運法 163
東西方混合的旁門 165
脫離正道的修行 168
第三十七講 171
伏食是什麼 171
金丹與命功 174
兩弦合體章第九 178
青龍白虎 玄武朱雀 179
半斤八兩 183

第三十八講 186
上弦半斤　下弦八兩 186
魂魄與心腎 189

金返歸性章第十 192

正統道家理論重點 193
認識三種現象 195
人的五行之氣 198
第三十九講 201
由始至終的金 201
孔子與易經 203
伏羲一劃分天地 205
易經的三聖 208
孔子玩卦 211
三教　三身　三清 214

第四十講 218
嬰兒 姹女 黃婆 218

真土造化章第十一 220

水火二用必歸土 221
太極函三 226
凝神聚氣 228
水火如何能相容 231

第四十一講 235
喜愛外丹的麻煩 235
如何煉內丹 237
內呼吸不是用鼻子 240
顛倒顛的運用 243
黃金 流珠 朱雀 245

第四十二講 251
中黃真土與金之父 251
水火土相互關係 253
修丹道全在真意 256
第四十三講 261
真土對伏食的重要 261
還丹和精氣神 263
人元丹 266
外丹和三尸虫 268
脾土　間腦　神通 270
第四十四講 273
先天一炁如何得 274
土和四季內臟 277

荒誕的採補 280
伏丹後的變化 282
第四十五講 285
同類相從章第十二 285
水火相變化成丹 286
一陽來了怎麼辦 290
陽火　陰火　真火 294
太陰真水妙用 296
第四十六講 300
胡粉硫黃的作用 301
再說水　火　氣 303
外丹的故事 307
從妄想起修 310

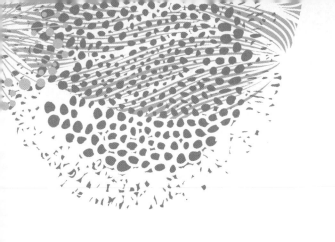

第四十七講 313

生命中的同類 314

同類修道　心風自在 316

自以為是的修道 319

外丹不是真丹 322

烹煉　溫養　變化 324

第四十八講 328

笨人迷外丹 328

祖述三聖章第十三 330

易經生生不已的道理 331

火龍真人的自白 332

還丹法象章第十四 335

如何才能還丹 336

金丹的真種 338

第四十九講 341

還丹——金一半水一半 341

建爐 採藥 火候 345

隄防須先建 348

喚醒沉睡的靈蛇 349

防止外泄的隄 352

第五十講 355

水火土互涵 355

金水神氣須調和 357

調和神氣的真意 360

把精與神修回來 362

工夫境界的變化 364

回復純陽之體後如何 367

第五十一講　371
氣脈真通時的現象　371
入定後的變化　374
乾坤交　大還丹　377
不死之藥　381
採丹藥的方法　383
小心注意的事　386
第五十二講　389
還丹後的鍛煉　389
防止泄漏的方法　392
體內龍吟虎嘯　394
文火武火配合烹藥　396
自身陰陽要調好　398
陰陽多變化　400

第五十三講 402
順其自然的鍛煉 402
身心徹底轉變 405
道來時的現象 407
脫胎換骨之後 412

第二十七講

君臣御政章第五

可不慎乎！御政之首，管括微密。開舒布寶，要道魁柄，統化綱紐。爻象內動，吉凶外起。五緯錯順，應時感動。四七乖戾，誃離俯仰。文昌統錄，詰責台輔。百官有司，各典所部。原始要終，存亡之緒。或君驕佚，亢滿違道。或臣邪佞，行不順軌。弦望盈縮，乖變凶咎。執法刺譏，詰過貽主。辰極處正，優游任下。明堂布政，國無害道。

現在有些同學提一個意見，認為朱雲陽祖師註解的《參同契》，非常寶貴，但是文字上有些地方還不太瞭解，希望能夠連註解一起講。不過我覺得時間會拖太長，我們只可以適當地提一下。開始的總題目是「**御政**」，「**御政**」就是做主的意思，也就是認識正道如何修持。要認識清楚我們修道是修什麼。《參同契》本身是用中國古代的帝王政治制度來解說，所以這一篇的大標題是「**御政**」，這一章標題是「**君臣御政章第五**」。朱雲陽註解，「**此章以君臣御政之得失，喻金丹火候之得失也。**」就是用政治的得失，來比喻修道煉丹火候的老嫩、輕重。

第一句「可不慎乎」，一般的《參同契》版本，都在這裏分割內文，實際上這一句可以歸到上文去，將上文的最末一句連接為「天下然後治，可不慎乎」。現在這裏把它分割，就是叫我們特別注意。

打坐的好處

「御政之首，管括微密」，我們修道，在開始的時候，第一要認識什麼是正道，道家丹經始終沒有提出正道是什麼，只有佛家提出一個東西就是「心」，心性的道理。道家只提一個比喻，像是管理天下政治，「御政之首，管括微密」，管理要包括得非常微妙幽祕——不是神祕。這八個字就是講理論，實際上說，大家修道一定想到打坐，其實修道不一定打坐，而是管理自心。但現在我們以打坐來講，打坐有個什麼好處呢？過去有許多醫生反對打坐，現在又不同了，因為在美國有很多醫生研究打坐，而且把這個拿來治病，叫做「冬眠治療」，效法動物的冬眠，很有效果。因為洋人高鼻子藍眼睛說的，我們也跟著說對啦。

過去西醫非常批評打坐，認為打坐兩腿交疊，把血管壓住血液不大流通，所以發麻了。說到血管壓住，你看那些勞力挑擔子的，兩條腿上青筋一陀一陀的鼓起來，那是因為用力過度，所以血管神經曲張受傷糾結了。打坐不會坐出腿上的筋糾結，西醫不瞭解中國醫學乃至道家氣脈的道理，發麻不是血液流通受阻礙的關係，是因為氣血不清，濁氣沒有下降。氣脈慢慢走通了以後，不但腿不麻，而且兩腿舒服得很，舒服到發快感，因此就不願意下座了。所謂發樂，就包括快感的意思，快感還是粗的。

打坐為什麼對人體有那麼多好處？先不管修道問題，只要腿一盤，手收攏來結手印，心臟的工作就減輕了。我們這個心臟是一個幫浦，隨時收縮舒張，當兩腿一盤兩手一收，人體四肢向外消耗放射的功能就減少了，因此心臟工作可以緩慢，所以後世修道多半採用了打坐。打坐有九十多種姿勢，以盤腿坐比較好，但是也要把姿勢弄清楚。

現在一般道家打坐，用得特別多的只有一個叫做手訣，道家原來叫做結太極圖，一陰一陽抱著。一般同善社、一貫道都用這個，這是太極圖的手印，實際上也是密宗的手印。密宗的手印很多，手印的道理就是手語，是與佛菩薩、有成就的人溝通的手語，這也是個大奧祕。所以說打坐時手的姿勢、身體的姿勢、腿的姿勢，雖然是一個模式，嚴格的研究，每人都不同，這個與自己身體的氣脈、稟賦有關，所以要懂這個原理。

現在只講「御政之首，管括微密」的道理，我們打坐時，外形收攏起來就是管理，內心不向外面消耗了，這是打坐姿勢身體「微密」的作用。打坐的姿勢包括那麼多的學問，所以是「微密」。這還是外形，至於內心「管括微密」的管理，就更難了，雖說有很多方法，道家只列出來上品道法與普通道法的一個總綱。道家的上品丹法，這個名稱沒有具體的東西，據說得了上品丹法，七天以內就可以成仙證果。普通的修法，如後世伍柳派講得很清楚，要十二三年。但是誰能做到？這是伍柳派所說的大法。所以這個「管括微密」，就是根據後世所謂百日築基，鍊己——鍛煉自己；外加十月懷胎，三年哺乳，九年面壁，都需要「管括微密」。

這個「管括微密」有什麼要點呢？下面有，是真正「御政」開始的要點。身心收攏來到達「微密」，這個「微密」不是密宗這個密，這個時候印度的佛教佛法還沒有來，這個密是我們本來文化裏就有的。上古的聖人，尤其是孔子在《易經．繫傳》中「退藏於密」，已經說清楚了。如果以《易經》中國文化道理來講，不管佛家、儒家、道家，一切修身養性法門走的都是一個路子，就是「退藏於密」。密在什麼地方？不是身上哪一個點、哪一個穴道，而是密到不可知處，無始無終一念不生，這個謂之密，沒有處所也沒有形象。所以密字要研究也很多，唐宋以後佛學密宗進來，真正的大密也就是這個意思，並不是什麼另外一個祕密。這裏講修道的道理，所謂「管括微密」，也就是這個道理。「微」字是老莊的觀念，「密」字是取用《易經》的觀念，所以《參同契》把《易經》、老莊、丹道的修法合一，三樣相通。

修道的關鍵重點

能夠做到「管括微密」，修煉久了「開舒布寶，要道魁柄，統化綱紐」。這個「開舒」就是開展、舒暢，就是密宗、道家所謂氣脈通了。「布寶」，不止氣脈通了，我們生命的內部更顯現自己生命之寶。這個生命之寶也是本有的，就是長生不死的丹藥。不過平常不知道，當生命結束時，就沒沒無聞的跟著結束了。

「開舒布寶」的道理，我上次提過，最好是孟子的說明，他對這個養生養氣之道說得清清楚楚，就是〈盡心篇〉裡「可欲之謂善……」這一段。孟老夫子到處提到這個修道的修養，譬如「善養吾浩然之氣」，孟子以前孔子沒有提過這個話。所以戰國時期，我們中國修道家的人物都出籠了，也正是孟子這個時期。他工夫做得很細密，而且程序講得最清楚。第一句話「可欲之謂善」，一般人都喜歡修道，這是好事，有時候做做工夫，做了幾個月工夫不幹了；想想不對，又回來搞了；過幾天事情忙又耽誤了，這些都是可欲階段，是走上一個善的階段。

真要到「開舒布寶」，是要到「有諸己」工夫上身了。過去聽到老前輩講，道要上身，這個是有效驗有徵候的。工夫有沒有到，自己才知道，這個是正信，不是迷信。這是個科學，不是亂講，道不是空洞的。「有諸己」，自己的確有個東西來才有些消息。到唐朝神仙呂純陽，跟孟子相距有一千多年了，他講的「丹田有寶休尋道，對境無心莫問禪」，就是「開舒布寶」這個境界，也就是孟子講的「有諸己之謂信」。後面一步一步工夫越來越高了，六個秩序清清楚楚。孟老夫子這幾句話，無法做別的解釋，而是實際的工夫境界。

修道達到這個基本的境界是御政，等於帝王就職，他的政策對了，也就是政治領導管理的準則，我們修道也是這樣。「要道魁柄」，這又是形容辭，以天體來講，魁就是北斗七星，指揮是斗柄。在我們人心來說，「魁柄」就是上一次提到過「天心不動」，也就是這個心不動。心念不動最重要，孟子也提到不動心，這裏告訴我們修道最重要的是煉心，重點在於魁柄。北斗七星這個魁柄一轉動的話，統率了整個天上的星座，所以是「統化綱紐」，這個是它的綱要。

我們修道也就是心念，我們常說「天心泰然」，這是我們的綱要，天心要怎麼樣泰然呢？這又要引用《易經》上孔子很簡單兩句話，將哲學、宗教、修道都講完了。他講道這個東西「寂然不動，感而遂通」。真正要做硬工夫修煉氣脈，我很公平的講，密宗不及正統道家。當然旁門左道的道家，煉氣脈就不及密宗，這個裏頭各家各有一個層次的差別。正統的道家不煉氣脈，而走上品丹法，同佛法的上品禪法是一樣的。只要心君泰然涵養久了

——這個涵養就是靜極靜久了，氣機自然「開舒布寶」，自然打通了。所以要心君泰然，寂然不動。

「爻象內動」，這又是《易經》了。為什麼講爻呢？後天用卦只有六爻，我們的老祖宗真了不起！科學進步到現在不管那一門科學，應用方面沒有到第七位的，都是講到六位，聲學、光學、電學、化學、物理等等，也是一樣。佛也一樣只講到六根，動的就是六根，我們人體眼耳鼻舌身意，對色聲香味觸法這個外境，養成心君泰然，寂然不動。這一步是「御政」的要點，是入手的工夫，自己可以生生不已孕育新生命。這一步做不好，想氣脈通，修成身外有身的神仙是做不到的。「爻象內動」就是我們聽到聲音看到光，或是打起坐來，看到前面亮光，引動色陰境界，自己心動了以為得道。「吉凶外起」，是好是壞關鍵很大，必須要自知，必須要有智慧。所以在修道來講，你本來寂然不動，很進步，但是心裏一動念，身上氣脈也動了，然後就跟著氣脈在轉，這樣就完了！

不受感動

跟著「吉凶外起」就「五緯錯順」了。「五緯」就是金木水火土，內臟心肝脾肺腎也跟著變化綜錯了，錯就是綜錯，複雜得很。所謂「錯順」，不是對錯的意思，是相錯，互相插進來為之錯。這個五行就插進來搗亂了，內外的境象都變了。「應時感動」，念一動氣就動了，身心都變了。所以先要做到寂然不動，等於《大學》說要「知止而后有定，定而后能靜」。寂然不動，無為之道很難啦！只要你一動就「應時感動」。

「應時感動」以後呢？「四七乖戾，誃離俯仰」。「四七」二十八，我們中國的天文同西方不同，把天上無數星座變成一個政治的組織體系。換一句話說，我們中國的政治哲學思想和政治體制，是根據天文來的。所以我們把滿天的星斗劃成三垣二十八宿，中央皇帝住的「紫微垣、太微垣、天市垣」，外面有二十八宿的諸侯之象都分類好。西洋天文也是劃成二十幾個星座，獅子星座、天女星座、白羊星座、寶瓶星座等等，兩樣觀念完全不同。

所以我們中國文化講天人合一，是另有一番道理。這個中間就麻煩了，要了解中國文化，先要從天文開始，勉強說先要從司馬遷的〈天官書〉讀起，要把星座的劃分搞清楚。這種天文的學問同我們人體、醫藥、修道、政治都相關的。我們老祖宗的天文科學本來世界第一，現在是最落後的。

講到「爻象內動」，念頭動了以後，身體的氣脈變化也動了。「四七乖戾」，四七二十八宿也就動了，整個的氣脈就亂了。所以有些人走旁門左道的，乃至於修採補之術，所謂「倒轉河車」，是在出精的時候忍精不放，把它硬從督脈轉上來。小心啊！大小便中毒不得了啊！這個時候就很危險，小說上寫的走火入魔，就是「誃離俯仰」。

所以他說，我們打坐走正統的道，身上氣脈動了，或者一個境界來，我們心念偶然錯了，就跟著這個境界跑了。那怎麼辦呢？「文昌統錄，詰責台輔」。這是中國政治哲學、天文哲學與人文哲學合起來，萬一走錯了，這個心君，這個皇帝變成昏君，我們的心迷惑了，這個時候最重要的是文昌帝君。這不是後世講的文昌帝君，真正文昌帝君是什麼呢？就是南極星！管智慧也管長生祿位的。

北斗七星是管死的，因此你看小說就知道，諸葛亮曉得自己要死了，只好拜北斗。嘿！這個方法是道家來的，密宗也有這個方法，不是藏密，是東密，唐代開始的。其實諸葛亮那個時候有沒有拜北斗，不知道，因為《三國演義》是元末明初寫的。

我們小的時候都曉得，北斗七星出來要趕快拜，因為我們的生死簿掌握在他手裏。南極仙翁管長生，如果他老人家肯在生死簿上勾一筆，你的名字沒有了，就通知北斗那一邊，你就不死了。南極仙翁也管智慧，他的畫像是有道理的，智慧越好，腦就越高。腦為什麼高呢？還精補腦，長生不老，所以修道到後來，腦越修越充沛。那麼佛呢？頭上一塊紅紅的，這是修成功，精氣神所化的！所以這些畫像都有道理。

你看中國有些神仙畫像，一個神仙站在海上，腳上踏一個鰲，一個法螺，一隻眼睛那麼看，那就是道家修法的工夫，叫做「隻眼看乾坤」。打起坐來瞇一隻眼睛，把宇宙的光都吸到自己身上，是長壽法的另外一種修法。

那很厲害，懂了這個法的話，身體的虧損可以補回來。傳說道教人物劉海蟾，用三個銅錢釣海裏的蟾蜍，也就是代表一種修法。這裏講到「文昌統錄」，心君昏迷就要靠智慧，靠南極星君的文昌來「詰責台輔」，重新把它修回來。

「百官有司，各典所部」，他拿天文政治的道理說「御政」之道。我們入手的第一步先要正心誠意，心怎麼正？意怎麼誠？《參同契》只提原則沒有講方法，所以要研究禪、道、老莊、儒家，綜合起來才是個完整的東西。

現在為了應年輕同學們的要求，我們把下面註解文字要點提一下。

天心為主的金丹

「此節以御政喻火候」，以御政的觀念比喻火候，「戒當慎其初基也」，修道的時候，下手就要小心這個正心誠意之學。「火候之要，徹首徹尾」，從開始到最後就是四個字「防危慮險」。我們作人也要記住這四個字，現在講憂患意識就是「防危慮險」，所以「無一刻不宜慎」，隨時要謹慎。「若人君御政然」，像當皇帝管理政治一樣的心理。「而尤當致謹其初基」，下手做工夫要注意開始這一步。「蓋金丹大道以天心為主」，這個天心是什麼？心裏沒有雜念，清靜心謂之「天心」。

道家有一本經典寫得非常好，將近四百個字，叫做《清靜經》，你們不管學佛修道的找來唸唸看。《清靜經》可以同佛家的《心經》媲美，但是如果講學術，對不起，那是仿照佛家《心經》來的。《清靜經》上說「人能常清靜，天地悉皆歸」，一個人能夠常清靜，天地的力量會回到你生命上來。所以一念清靜有如此之重要，比佛家講的功利一點。佛家講了半天空啊，好像我們做生意一樣，誰願意抓空的！道家很會誘惑人，他不做蝕本的生意，「天地悉皆歸」，一投資就一本萬利，這還不幹嗎！

注意哦，這個註解很重要，「以天心為主」，修心養性為主，「精氣為用」，什麼修氣修脈，那不是道，只是助道品。「正猶人主之統御其臣下也，故日御政。」所以這一篇題目叫「御政」。

「學人入室之始」，當你開始修道，道家叫「入室」，就是閉關專修。道家、禪宗閉關時房間裏頭沒有書本的，什麼都沒有，也不拜佛唸經也不敲木魚，就只在那裏修道打坐。如果閉關還拜佛唸經讀書，那就不叫閉關了。「一陽初動謂之首經」，一陽初動處，萬物未生時，一念不生這一步，是修煉的第一步。「首經」是第一個道理。「譬若人君即位之初，更改正朔謂之元年上章，元年乃芽滋，即其義也，故仙翁喟然發端曰」，這個作者火龍真人魏伯陽，喟然感嘆說：「可不慎乎！」

「御政之首，管括微密者，即靜而內守，環匝關閉之意」，六根跟外界斷了，等於禪宗達摩祖師所傳的心法，內外隔開了，無論外境界如何，都不動念，就是「環匝關閉之意」。

「開舒布寶，即動而應機」，氣脈發動了。「發號順應之意」，這個時候心裏知道，如同佛家《心經》說「照見五蘊皆空」。只照到它，不要動，不增不減，你要是幫助一下，那氣脈就完了；也不要減少它，就是「發號順應之意」。「魁柄即是斗杓，斗為天之喉舌，斟酌元化」，北斗七星那個斗柄，它是發號施令的。「統攝周天，若網之有綱，衣之有紐，是為要道，喻吾身天心，實為萬化之綱領。」這是比喻，修道就是修能夠起心動念的這個心，那是道的根本、綱要，先要把心清靜下來。

「丹道作用全仗天心斡運，斗柄推遷，故曰要道魁柄。統化綱紐，天心既為萬化綱紐，動而正則罔不吉，動而邪則罔不凶」。起心動念如果是正的，則「罔不吉」，就是無不吉，反之就是無不凶。因此他也引用孔子在《繫辭》說的「爻象動乎內，吉凶見乎外，即其義也」。在《易經》叫做爻象「在易為爻象」，在中國天文就是星象「在天即為星象」。「天有三垣」，中國天文分成三垣。「紫微垣為北極之所居，最處乎內，太微垣次之，天市垣又次之」，這叫三垣。「由是金木水火土之五緯，併二十八宿之經星，環布於垣外」。

他為什麼把這些引述得那麼清楚呢？這有個道理了，因為我們中國的醫學講針灸、點穴、按摩，與氣脈都有關係。正統的十二經脈以外，還有奇經八脈同天上的星座對應。所以點穴就是由這個學問來的。人體上的氣血，子丑寅卯，每一天什麼時辰，在哪個經脈哪個穴道，只要一碰這個穴道人就完了。真的，要你死就死，要你病就病，這一套學理就是根據這個來的。現在點穴失傳了，古代學點穴的人先學咒語，可以把人點壞轉不回來。我們在座也有人看見過，這個人無聲無息在人身上那麼一摸，那人就站在那裏不會講話，永遠站住了。我常說中國有許多老祖宗學問沒留下來，太可惜了。

點穴的道理翻過來用就可以救人，那樣治病就不要針灸，指頭一摸就行了。因為人體氣血流行，同這個天文完全一樣，所以中醫要先從天文學起。現在聽到中醫隨便看看書就考取了，會醫了，哎呀！我真不知道該怎麼說，只有希望文昌帝君智慧幫忙你們了！

第二十八講

煉丹的初步

天文講起來太囉嗦了，道家比喻，北斗七星在身體上來講，前面三星是斗杓是心；還有一個比喻從上面下來的，從眼睛這裏一直下來；還有一個比喻兩眼是斗杓。所以道家許多書上頭頂畫出一個小兒，結果有人讀了就拚命觀想自己頭頂上出來一個小兒。我說那個小兒要吃奶，要拉大便，拉在你頭頂上怎麼辦？這不過是個比喻，不是真有形象。《性命圭旨》上畫一個人在打坐，前面兩把劍插在地下。聽說有一派人就弄兩把劍插在那裏煉。那也是比喻，是要把兩個眼睛回轉來，守到內丹田，是方法之一。這些也都是比喻，拿天文來做比喻。

「此喻人之天君妄動，則五官錯謬，百脈沸馳，所謂毫髮差殊不作丹者也。」這一句話「毫髮差殊不作丹者也」，是道家丹經的祕訣，特別注意，很多的丹經都引用。修長生不老之道煉丹，這個丹是個代名辭，這個念頭差了一點，錯了一點，這個丹就不成功了，就散亂了。

「天象乖變失常，不可責之眾星。人君御政失宜，亦不可責之百官。有司各有主者。執為主者，在天則文昌台輔。文昌，即紫微垣中戴筐六星，號南極統星，錄人長生之籍。」南極統星就是南極仙翁，管人家壽命的，因此我們祝壽都送壽星，壽星就是南極仙翁。

「台輔，即垣中，三台四輔尊星。三台，以應三才，四輔，以應四象。」三才就是天地人，四象就是太陽，太陰，少陽，少陰四象。「各居其方，環拱北極。天之有文昌，猶人君之有六部也。天之有台輔，猶人君之有相臣也。相臣夾輔帝主，燮理陰陽，六部從而奉行之，則百官有司，不待詰責，自然各典所部矣。」

「譬若作丹之時」，現在講到煉丹，什麼叫結丹？「心君處中」，念頭不動了，「以制外」，就是氣住脈停了，清靜了，呼吸之氣也停掉了。再深入一點清靜，血液的流動也寧靜下來，心電圖測量也都是平的了，只偶然動一下。「魁罡坐鎮，斗杓斡旋，一水一火，調燮得宜」，我們打坐坐得好，身心清淨，身體健康，從頭腦中心下來，有口水自然而來，甜而帶有清香的味道。嚥這個津液，可以長生，也可以祛病。尤其婦女專修這個法門，口水越多，越漂亮，臉上發光了，這叫「玉液還丹」。吃這個「玉液還丹」要把舌頭立起來，這麼一送，一氣到丹田，停在那裏，會散佈全身，不能夠像吃東西那麼嚥。「金液還丹」更深了，道理又不同。

六根大定結丹

「調燮得宜，自然六根大定，百脈沖和」，這是佛家的話，這就是初步結丹。參禪到達六根大定，眼耳鼻舌身意，色聲香味觸都不動了，「百脈沖和」，沖不是動，是百脈和平了，所以「而無奔蹶放馳之失矣」。到達這個程度也只是初步結丹就是鍊基之功，道家叫「百日築基」。所以修道不容易啊！佛家的四禪八定，想達到「六根大定，百脈沖和」的境界也不容易啊！「六根大定」就是眼睛見而不見，但都知道，而不動；耳根一切聲音也知道，所以佛家的觀音法門說「動靜二相了然不生」。《心經》觀自在法門，由「觀」而到「照」，寂然不動，身體的氣脈周流運轉，完全寧靜下來。所以任督二脈奇經八脈完全通了，六根大定是百脈沖和，平衡，這才初步結丹，這是「御政」。

修道的第一步，由這裏開始入手築基。做不到的話，只打打坐，那不算數啊！所以伍柳派的修法，就是拚命守住身根，身根也叫做命根。以為不漏丹不遺精、不手淫是築基，那還只是在有形有相上，不過是築基的築基，最初步最初步而已。這裏給你講得很清楚，「六根大定，百脈沖和」，那才是「御政」，才是修丹道，修神仙之道。

現在我們再回到《參同契》本文。

「原始要終，存亡之緒」，由開始到結果，一切都在於心，成功與失敗都在這個關鍵。所以道家也算是信佛法的。這樣看來，學佛的人把正統道家看成外道，也不對呀，因為都一樣是菩提大道。

「或君驕佚，亢滿違道」，「驕」是驕慢，「佚」是放鬆了，就是心君動念，自己認為工夫到家了，嗯！行啦！得道啦！這個念一起就完了。所以自古真正的仙佛，依我看來只有修謙和、謙虛，不會說自己得道了。「亢滿違道」就是《易經》乾卦「亢龍有悔」，太高反而不好。這一篇是講火候，要注意啊！縱然你得到「六根大定，百脈沖和」，這個時候中間變化還是很大！哪個時候該動，哪個時候該靜，自古仙佛都沒有辦法傳你，就看你的智慧了。所以我說釋迦牟尼佛只傳了四個字，「知時知量」。就算是達到了「六根大定，百脈沖和」，依佛家的菩薩戒，耽著在禪定這個境界也是犯戒的，其理由也在此。所以千千萬萬人修道，哪一個成功？太難了！就是要靠智慧之學。

「或君驕佚，亢滿違道」是百脈沖和得太過，那也是陽極就陰生了。

所以這個中間的應用之妙，在佛學叫做對治法門，要懂得許多許多，什麼都要懂。我們看中國的《神仙傳》，每個神仙都是上知天文、下通地理、醫藥、武功，沒有哪樣不會。學那麼多幹什麼？就為了一個目的，修道！這些都變成調配的藥，等於廚房裏醬油呀！辣椒呀！缺一樣不可。

氣脈真通與變化

「或臣邪佞，行不順軌」，這個形容是比喻氣脈，你想心君定，心想寧靜，可是辦不到。我常叫大家問一問自己，你為什麼想下座？是身體坐不住？還是心坐不住？大家就茫然了。其實是心不想坐的居多；身不想坐就是氣脈不對，就是「臣邪佞」。這個「臣」是氣脈，身體「佞」是坐不住了，定不住了。「行不順軌」是氣脈不入軌道，氣脈不順了。大家修道做工夫，有時覺得背上或前面在轉動，認為是河車轉動。有些人很有意思，來說，老師啊！我是任督二脈打通了的！實際上一聽人這麼說，我就知道他沒有通。

真正任督二脈打通了不是這個樣子，哪有這裏動那裏動！這是不是氣脈動呢？是！是不是通了？我叫它「凡氣通」，只是普通感受的境界罷了。如果氣脈真通時，就沒有氣脈的感覺了，也沒有身體的感覺了，那就是天人合一，那才真正叫氣脈通，也就是「百脈沖和」的境界。

所以這裏告訴你「弦望盈縮，乖變凶咎」。「弦望盈縮」我們講過的，上半月的月亮謂之上弦，下半月的月亮謂之下弦。月亮有盈虧，蘇東坡的詞，「人有悲歡離合，月有陰晴圓缺，此事古難全」，這是一個天地間現象的境界。修道到了「六根大定，百脈沖和」，我們可以再加一句話形容，這個時候身心的境界如「朗月中天」，永遠像滿月一樣，心君寂然清靜。如果配合佛家的話，現在年輕人都喜歡禪宗，寒山禪師有一首詩可以說是在這個境界：

吾心似秋月　碧潭清皎潔
無物堪比倫　教我如何說

古代有個禪師大徹大悟了，看人家都崇拜寒山這一首詩，他說，那有什麼了不起，半吊子！別人聽他這樣說，當然不服氣，那你也作首偈子看看，他就作了：

吾心似燈籠　點火內外红
有物堪比倫　來朝日出東

寒山說沒有東西可以比擬，這個人說我有個東西可比，明天早上太陽從東方出來。他是比寒山講的進了一步，但這並不是說寒山不懂，或寒山只修到這一步。

「弦望盈縮」，修道到了這個境界，「六根大定，百脈沖和」，這個根基打好了，還要注意的就是「觀心」了。這個心要管理得住，管理不住，或者氣脈走出了軌道，或者有時候身心配合不好，有時候變成暗的下半月，昏沉了，走入陰境界。不只昏沉，有時候到此就敗道，就失敗了，你又要重來第二次。所以修道屢成屢敗的例子很多，「六根大定，百脈沖和」變成瞎貓撞到死老鼠了，沒有用，這就是「乖變凶咎」。

因此我們修道第一步就是心君、天君的照顧，「執法刺譏，詰過貽主」，要隨時反省。佛家注重觀心、觀照，表面不談工夫，因為怕人著相。但是有沒有這些工夫呢？絕對有！臨濟用「賓主」二字，參禪的方法有「四料簡」，「料簡」就是做菜的材料一樣，有時主中主，有時主中賓，有時賓中主，有時賓中賓。這是幹什麼呢？因為氣脈色身的轉變，到了某一步工夫的時候，要完全靠智慧了。當「心君」——思想觀念不做主時就讓賓做主；有時候不行啊，老是讓賓做主，專搞氣脈去了，這時就要主做主，心念把它拉回來，空掉就要空掉。所以這個調配很難。禪宗的曹洞宗在唐末五代興起，講五位君臣。嚴格地講，曹洞宗的曹山、洞山兩位祖師，他們參禪修道的工夫，受《參同契》的影響太大了，甚至曹洞宗有時候乾脆用離卦來表達。中國文化三家修道，以真工夫來講，唐、宋以後已經匯合為一了。現在什麼一貫道兩貫道，三貫道五貫道，都是空話。

「辰極處正，優游任下」，這個「辰」就是北斗星，就是講自己「心君」心念，正念不動，這就是佛家的觀照，「照見五蘊皆空」。這個時候「優游任下」，你聽任氣脈的變化，可是你不跟著它亂跑。就像那個皇帝在上面，下面辦些什麼事都知道，都看住，跑不過他的眼，不對就不准你辦，這個氣脈就不能再動了。

「**明堂布政，國無害道**」，他拿政治哲學來說明修道的道理。換一句話說，研究中國文化政治哲學的，倒要拿道家的這些東西來說明政治哲學的法則。領導的法則如此，法治的道理也如此。下面的註解又有好東西，「**此節，言火候之要存乎君主，當慎終如始也。**」《參同契》這一節告訴我們，火候最難，千古神仙沒有辦法傳你。

修道誰做主

所以道家的祖師張紫陽真人說：「山中前後盡非鉛」，鉛汞的道理我們以後會講到，先說入山的道理。禪宗講「不破本參不入山，不到重關不閉關」，沒有達到一念不生處，沒有資格入山，也不是隨便可以閉關的。因為到了某個時候，工夫應該怎麼變換，你一概不知，你去問誰呢？除非你的老師也在關中。以前，我們有位前輩的朋友在閉關，他的老師曉得這個徒弟工夫到某一步不行了，正在沒有辦法的時候，老師已經站在面前，告訴他怎樣怎樣，講完走了。除非你有這個福氣，有這樣的老師，這種老師很難找啊！

「火候之一動一靜」，這個一動一靜之間之難，就看到佛家觀音法門的「動靜二相了然不生」是一步真實工夫！不是講理論。所以一動一靜要極為謹慎。「徹始徹終，宜乎無所不慎。亦猶人君御政，一動一靜，自始至終，宜無所不慎。慎則轉亡為存」，謹慎的話，就是快要亡了，又可以復活。「不慎則轉存為亡。存亡之緒，從此分矣。」如不小心，則轉安為危，就是在一念之間。「**此一大事，君臣各有其責**」，換一句話說，身體上氣脈的關係，同你心念的關係互相影響，心物是一元一體，所以「**君臣各有其責**」。

「**而主之者惟君**」，做主的君就是念，在一念之間。「**蓋臣之聽命于君，猶氣之聽命于志也**。」這一段是用孔孟的話，孟子曰：「志者氣之帥也」；孔子曰：「三軍可奪者，帥也；匹夫不可奪者，志也」，就是正心誠意這個道理，要氣聽命於你的意志走。說氣脈動了，哎唷，我做不了主啊，哪有這些鬼話！那是你太糊塗，你不必修道了，因為你讓氣脈做了主。有些人一打坐，搖呀搖的打神拳，說是花五千塊學的。我說你拿五塊錢給我，我教你。你只要手合掌一站，念個咒子，其實咒子都不需要唸，只要這樣站久了，手就會動起來，你要怎麼動就怎麼動，叫做打神拳，其實是生理自然的現象。或者你兩手伸直一站，站二十分鐘不垂下來，他就動了，你不做主，跟他動，以賓為主，就打神拳了。這也要花五千塊去學嗎？有些人打坐，我反而要他動，因為他身體太壞了，平常不運動，讓他這個時候搖搖蠻好。動了一陣，老師，怎麼辦？啊，可以了，不准動了！其實這個都是多餘的，氣是聽你指揮，所謂「氣之聽命于志也」的道理。

「心君翼翼，能持其志，則奸聲邪色自不得而干之。」所以你心正清明，就算打坐當中看到什麼光，什麼境界，也都不理，等於你這個皇帝很精明，不論臣下如何，上面都不動。如果你覺得看到菩薩了，那你差不多走到第二號神經去了，所以不要走錯了！真修道對一切現象變化都不動。

「若心君驕亢自用，違其常道，則耳目之官，亦以邪佞應之，行事不循軌則矣。」這個高了，我們這個心念，同宇宙本體同根，莊子所謂「天地與我並生，而萬物與我為一」，這個心念有如此重要。所以老莊都告訴我們，修道修到心君泰然，自然與天地精神相往來，那就是長生不老之道。若加上宗教，就是修藥師佛的補法，補身體的方法，那個方法將來再討論。

「天心之與人心，同出一原。天心稍或不順，則天行立刻反常，不特五緯錯謬，經星乖戾，已也。即如太陰之晦朔弦望，本有常度，今者當盈反縮，當縮反盈。」太陰就是月亮，月亮升起來了，這個時候的光明，令人不想睡覺。有些人修道到了這個境界，偏要吃安眠藥，那又何必去修道！我常常告訴大家，佛家道家做工夫為了要除睡眠，結果卻害怕自己失眠！他不知道那個境界並不是失眠。有時候精神旺得幾天幾夜都不要睡；有時候又想要睡，你趕緊讓臣做主，算不定大睡兩三天都不動。到了後來，身輕如葉，像一片樹葉在空中飄，晝夜長明，當然不需要睡眠了。拜佛的人喜歡點一個長明燈，拚命出錢買油，或者用電點長明燈；當自己的長明燈亮了又害怕起來，偏要吃安眠藥。修道本來要修到晝夜長明嘛，人真是奇怪呀！

身心像月亮一樣有光明在，如果一念不對，氣脈也不對了，該要亮卻弄得一點亮光都沒有了。所以修道要懂。有時候有些人不是在昏沉，而是在混沌境界，你不要當成昏沉去糾正他，他自己當然不知道，你也不知道。混沌跟昏沉外表差不多，但差別很大。當混沌來的時候，是不要做主的，讓他混沌個夠！或者是歪在那裏打坐，你都不要管，那叫做《易經・繫辭》所講「天地絪縕，萬物化醇，男女媾精，萬物化生」，那不是昏沉。所以說這個就叫做「火候」，你沒有智慧，不但看不懂別人，自己到了哪一個境界都搞不清楚，你怎麼修呀？

你懂得火候嗎

這個時候「薄蝕掩冒，凶咎不可勝言矣。」這一節講「火候」，修道像月亮盈虧那樣，該是朗月當空的時候，你當然睡不著，自己偏要弄得睡著；當你在混沌的時候，你又當成昏沉，然後拿涼水洗臉，拚命把它搞壞。所以修不成啊！這個是「凶咎不可勝言矣」。

「天有執法之星，主刺譏過失，即太微垣中，左執法右執法也。朝廷象之，故立為左右執法之臣，亦主刺譏過失。然違道之過，不在百官有司，而在台輔。併不在台輔，而在君主自身。」這就是中國政治哲學思想，政治制度是效法天象的運行軌則。如果領導錯誤，不是一般地方官的事，是宰相錯了；也不是宰相錯了，是領導人皇帝錯了。等於說自己這個心念錯了，心念一錯則整個錯了。

「此萬化從心，反本窮源之論也。」道家有句話，「萬化由心，天地在手」，是講性命雙修之道，命就是身上的氣脈。所以，修道第一還是在自心。

「故曰，執法刺譏，詰過貽主。主心得失，只在一反覆間」，一念之間就轉了。「蓋惟皇建極，惟民歸極。心君能寂然不動，無為以守至正，百體自然從令。」所以你坐在那裏，不要用工夫去求一個法，只要自己有股傻勁，禪宗的旁門有一句話：「久坐必有禪」，這一句話也對。不管你有沒有禪，我常說，你們要想到外國去宏揚佛法很簡單，先練腿，不管有沒有道，把兩個腿練到坐在那裏三天都不起來，嘿！人家就當你有道了。久坐自然有禪，你心中也無別的事啦！真的坐在那裏，你縱然打妄想也不敢起來，要表演嘛，沒有道也差不多嘛！無為之道，做到「泰然無為」，「守至正，百體自然從令」，氣脈自然通了。

「有如北辰居所，而眾星自然拱之。故曰，辰極處正，優游任下。心君既端拱神室，百節萬神，莫不肅然。」這個「神室」，後世道家指在心窩這裏，或者叫中宮，這是有形的。就是要念頭沉下來一點，差不多同心窩子相平這個地方，叫神室，不是心臟，心臟是偏的啊。心君在神室，一念不生，清淨，鬼神都聽命，是真的！內在的鬼神聽命自己內心，外面鬼神也不敢動了。只要兩腿一盤，心君凝神，什麼鬼呀魔呀你都不要理，都把你莫奈何，碰都不敢碰你。

「猶王者坐明堂，以朝諸侯。四海九州，莫不率服。寧復有出，而梗化害道者。故曰，明堂布政，國無害道。辰極，在天象為紫微垣，即北極所居。在人君，為深宮內寢，晏息之所也。」注意啊！這是天文上的明堂。我們看相把印堂這裏叫明堂，常說明堂亮不亮等等。有些人明堂很寬，有三個指頭那麼寬，一定度量寬宏；那個明堂窄的，不要問，脾氣又急度量又小。再加上眉毛打結的，一定犯法。有幾個同學兩眉之間很窄，我說你把眉毛夾寬一點吧！我們罵人常說，你搞什麼明堂呀？那個明堂就代表你心裏頭想些什麼，大概這些話還流行的。

「明堂，在天象為天市垣，乃帝星所臨」，明堂像是皇帝所住，心念定了，明堂就光明了。「在人君，為朝會之所，通道于九夷八蠻者也。心君所處，內有洞房，外有明堂。」道家有本書叫《黃庭內景經》，我們凡夫心臟有七個孔，七竅。外在叫明堂，心臟的中心就是洞房，所以真正定力夠的時候，心脈洞房寧靜了，心臟脈不跳動了。

「此章，即治道以明丹道，最為了然」，以政治道理講修道。「丹道徹始徹終」這六個字要圈起來，「不出天心運用。故君喻天心，臣喻藥物」藥就是精氣神。「文昌台輔，喻三田四象。執法之臣，喻耳目之官。百官有司，喻周身精氣。吉者，受焉吉也。」這是《易經》的話。「凶者，防焉凶也。」一動念氣就散。「存喻片時得藥，亡喻頃刻喪失。所貴乎御政者，必須外卻群邪，內輔真主，心君端拱于辰極，萬化歸命于明堂，豈非還真之要道乎。」這一段就是修道的根本，下面的附註諸位回去自己看看。我們今天先說到這裏，下一次開始就是鍊己，築基，講修道如何打基礎，怎麼樣叫「百日築基」。

第二十九講

鍊己立基章第六

內以養己，安靜虛無。原本隱明，內照形軀。閉塞其兌，築固靈株。三光陸沉，溫養子珠。視之不見，近而易求。黃中漸通理，潤澤達肌膚。初正則終修，幹立末可持，一者以掩蔽，世人莫知之。

《參同契》上篇的前五章，都是講〈御政〉，是解說認識正道的大原則，已經大致向諸位報告了。現在開始這章篇名是〈鍊己立基章第六〉，就是道家平常所標榜的「百日築基」的基礎，也就是修道煉丹做工夫的基礎。

「**御政**」以後，連續這三章都是講「**養性**」。道家分類法，是把性和命分開，等於儒家的《禮記》，把性和情分為兩部份，實際上是一體的。「**御政、養性、伏食**」是合一的。

養生與修道

這一段文字非常明白，所謂養性鍊己，拿佛家來講是所謂「明心見性」，求生命的根本。像唐宋以後的參禪，參「生從哪裏來，死向哪裏去」等等。道家不來這一套，認為我們的性命、生死都是合一的，要先從現實著手，就是從現在這個身心轉化開始。理論上非常簡單，所以修道打坐，開始一句話：「**內以養己**」，重要在這個「養」字。中國文化有一個名稱叫「養生之道」，這個道叫養生，也叫攝生。「攝」就是歸納，收攝，同西方文化的衛生不同。道家認為，現有的這個生命就是永恆，并不要另外求一個永恆的生命，只要把現有的生命保養住就可以了。

所有的工夫、做法、修持，就是一個養字，養字之難就在這裏。本文告訴我們「內以養己」，「養己」的境界有四個字：「安靜虛無」。這個誰都會，一看文字都懂！真講「安靜虛無」的實際工夫就難了，就是《大學》「知止而后有定，定而后能靜，靜而后能安」的求安求靜的步驟，一直到達明道為止。所以嚴格的講靜和安，它有工夫上的層次，修養到達最高的境界虛無，就是佛學所講的空。講到「養己」，現有的生命是本來生命的投影，從現有的生命上，找回本來的生命，就是「安靜虛無」。

「原本隱明」就是剛才講的「攝生之道」，在佛學的方法叫做「都攝六根」，就是把我們眼耳鼻舌身意等等隔離開，返求諸己，內省自己，這個就是「原本」，也就是不向外放射。譬如我們學打坐，眼睛閉起來，耳朵不向外聽，在佛學叫「觀音法門」，返觀自性等等；拿《參同契》來說就是「原本隱明」，不向外放射，回到自己本來的那個安靜的狀態。

「內照形軀」就難了，這是道家修養工夫的境界，在我們原始的文化裏頭，內照形軀是「內視之道」；在佛學就是「觀照」、「返觀」，表達不同而已。「內視」並不一定是指身體以內，而是無內外中間之內。不過我們沒有到達這個境界以前，姑且拿這個身體來做一個標準，先把外用的精神收回，轉向「內照形軀」，就是這個身體。這就產生後世道家的守丹田、轉河車、修氣脈、打通任督二脈等等的方法，原理就來自「內照形軀」。據我個人所瞭解的，各家的修法，最厲害也最有效果的是佛家的「白骨觀」和「不淨觀」，實際上這就是「內照形軀」。當然普通觀不起來，如果觀起來也同道家一樣，眼睛一閉靜下來，身體內部氣脈的位置，氣血的流行，五臟六腑的情況，一目了然，都看得非常清楚。道家《黃庭內景經》就講到這部分，但是，「內照形軀」不是用這個肉眼看，而是屬於自性的功能。

以上這四句話，就是「鍊己」工夫最重要的基本原則。從明朝以後，道家講「百日築基」，其實有些人不到一百天就可以建立這個基礎，甚至六七天就可以達到。但有人修道一輩子都做不到，只會閉著眼睛打坐，像禪宗祖師罵人黑漆桶一團，閉著眼睛黑黑的，什麼都不知道，茫茫然一片無明。不管佛家道家，或者顯教密宗，隨便哪一種修鍊的方法做到了，「鍊己」的四句話也一定做到了。尤其最重要的是「內照形軀」，假定一個人修養的工夫夠，能夠安靜下來，一閉眼，內部的情形能看得見的話，就可以祛病延年。至少用自己的精神意志治療自己的身體，就非常容易了。雖不能說長生不死，但是慢一點衰老，多活一段時間，是絕對可以做到的。

先管嘴再管心

下面他就這四句話的原則，再說明一些方法。「閉塞其兌，築固靈株。三光陸沉，溫養子珠」，兌上缺（☱），兌卦所代表的東西很多，在人體上兌代表口，「閉塞其兌」就是要閉嘴。不過以道家來講，人身上的口很多，凡是開竅有洞的都是口，最大的是吃飯的這個口。人身有九竅，頭部七個洞，身體下部兩個洞，都是口。為什麼閉嘴巴重要？修道人都知道的一句話：「開口神氣散，意動火工寒」。一個人愛說話，經常用嘴巴，一定會短命。所以我上課太多，有時候一連七八個鐘頭都在講話，這就是在求早死。事實上並不是因為口開了，而是精氣神漏了，因為講話時精神、意志、腦力、血液都在放射，都在消耗。一句話講出來，生命全體的機能都要動，所以消耗得很厲害，也就是開口神氣散的道理。所以修道第一要「閉塞其兌」，所有開口的地方都要封鎖，不向外漏。

「意動火工寒」是講意志凝定的境界。佛家要做到無念專一，意一動叫做散亂，意散亂就不會結丹。我常說佛家所講的「定」，就是道家所講的「凝神」。定是講法則，凝是講境象；道家這個凝結的「凝」，比佛家講的「定」還確實一點。

「閉塞其兌」以後，就是下面四個字：「築固靈株」。「靈」就是後世所講的性靈，也叫做靈性，自己精神的本源。「株」是形容辭。內養靈性，像培養種子一樣，慢慢使它發芽長成一株植物，就是新的生命開始。「靈株」是魏真人創造的名辭，「築固靈株」則包含了元神、元氣、元精的凝結。

「三光陸沉，溫養子珠」是方法。在自然界三光是日、月、星；在人體上的三光是眼睛、耳朵、心。「陸沉」本來是個形容辭，「陸」代表大地，有一句話：「虛空粉碎，大地平沉」，就是說一個人達到安靜虛無的境界，也就是真達到空的境界。怎麼樣是個空？道家形容得很確實，所謂空，沒有一個空的境界。虛空粉碎，連虛空都沒有。大地平沉，大地就包括我們這個身體四大，平沉是沒有身體的感覺，這個才是真達到虛無的境界。「三光陸沉」就是六根都安靜下去，這個是方法。不管佛家、道家、顯教、密宗，大家學靜坐的誰能夠真做到「三光陸沉」？都是瞎吹，自己騙自己，瞎子摸象，好像是個修道的樣子，坐給別人看看而已。真講工夫，一樣都沒有做到。

真正做到「三光陸沉」，一念不生，這時要「溫養子珠」。溫養就是保養。我們先天生命的根本，現在不談，因為生命的本來你還不知道。我們現在這個生命，是先天本來生命的分化，由現在的生命，自己可以養回來，見到原來的生命。在這兩個過程當中，由「三光陸沉」，到達「安靜虛無」，接著「溫養子珠」。溫養就是老母雞抱蛋一樣，要溫暖保養它，不能有一點寒冷。怎麼樣才是溫暖呢？剛才也講過道家的名言，意動火工寒。這個意不能動，這就是溫養。

現在世界上都流行講中國的禪宗，現在叫禪學，多數是口頭禪，野狐禪，嘴裏吹的。真正的禪宗也講實際工夫的，譬如黃龍晦堂禪師，他形容真正的參禪，「如靈貓捕鼠，四足踞地，目睛不瞬」。貓捉老鼠，那真是動都不動，像入定一樣，全部精神盯住。

舒州投子大同禪師還有一種形容，「如雞抱卵」，就像老母雞抱蛋溫養，也就是黃龍晦堂禪師形容靈貓捕鼠這個境界。規規矩矩說，我們大多數人學佛修道做工夫，都沒有達到這個境界，都是在那裏玩耍，自己玩弄自己。真正到達這樣專一的境界，才是溫養。然後自己生命裏頭那個功能又產生了一個新的生命。實際上並不是新的，還是原來的。不過因為我們平常不知道，沒有修養，這個功能到死也出不來，所以感覺新奇，而形容它是「子珠」，由母體養出來的。事實上是母子相連的一個。這一節在邏輯上有兩個特別的名稱，一個是「靈株」，一個是「子珠」，實際上是一個東西，不同的名辭罷了。

找不到的東西

我們大家學道，搞了半天，就是想修出來這個東西，但它永遠出不來。下面八個字，「視之不見，近而易求」，一般修道的人，都在找這麼一個東西。講了一句明心見性，又去找明心，又去找見性，講一個道就去找道。如果你去尋找它，那離道已經很遠了。所以你看不見聽不見，「近而易求」，道就在你那裏，不是外面，不是佛菩薩給我們，也不是神仙、上帝給我們。老實講上帝、菩薩、神仙，還是靠我們捧出來的，我們本身每一個人都是仙佛，每一個人都能夠成為天帝，只是自己把這個生命的本來忘記了，所以說「視之不見，近而易求」。

我們小時候背的《三字經》：「性相近，習相遠」，這兩句話是從孔子《論語》上「性相近也，習相遠也」來的。哲學家研究了半天，從唯物的哲學去找，從唯心的哲學去找，從宗教上去找，想找出來人性和宇宙萬有本性是什麼東西，究竟在哪裏？在我們中國，原來儒道不分家時的原始文化，不考慮這個，因為心物是一元的，「物」也是它變出來的，「心」也用不著在枝節上找。

那麼「性」在哪裏？「性相近也」。這個本性就在這裏，非常近，近到在眼睛前面，因為太近就看不見了。「習相遠也」，你拿後天的習性、習氣來找自己的本性，越找越遠。本性是本來清淨安詳的，可是人忘記了清淨安詳的本來，偏要向外去找。人的習氣發展越久，距離就越遠了。孔子這兩句話，實際只有四個字，其他都是陪襯的，因為古文要朗誦，唸出來必須要拉長聲，實際上「性近習遠」四個字就夠了。

自性在哪裏？就在你這裏，不要另外去找，它很淺近的。我們一般人總是把這個道當成高遠的，那是錯誤的。禪宗祖師經常罵人「高推聖境」，學佛修道，把聖人的境界估計得太高了；自己的修養，已經到達那個邊緣，不敢承認，信心不夠。自己想，哪有那麼容易呀！釋迦牟尼佛還修了十二年，呂純陽也搞了一輩子呢！所以高推聖境也是毛病。實際上，道是非常平凡的東西，所以我常說世界上最高深的學問，就在最平凡的道理裏頭；最平凡的地方，就是最高深的地方。一般人知識越高，學問越好，越愛向不平凡處去找平凡的道。所以說「視之不見，近而易求」。

這一段朱雲陽祖師的註解也非常好，希望諸位回去能夠研究，不研究太可惜了。我們現在不妨幫忙大家，帶著諸位看一遍。「**此節，言鍊己之初基也。首卷御政諸章，但敷陳乾坤坎離，造化法象**」，他前面只講宇宙生命的大法則，「**到此，方直指鍊己工夫**」，到了這一章直接告訴你，我們怎麼樣修道，「**示人以入手處**」，告訴我們怎麼樣入門。「**呂祖云，七返還丹在人，先須鍊己待時**」，他引證唐朝神仙呂純陽祖師講的「七返」，修道是「七返九還」。這個七返與《楞嚴經》的「七處徵心，八還辨見」是同一道理。呂純陽說，這個道不向外走，煉丹修道的七返九還工夫，就在我們自己。「**先須鍊己待時**」，這個基礎打好了，「**待時**」，還要等一段時間才成。

再引述宋朝這位張神仙，「張紫陽云，若要修成九轉，先須鍊己持心。鍊己，即養己也。」在漢代的時候，道家學術叫「養己」，唐宋以後更現實一點變成「鍊己」。什麼是我的自「己」呢？「己即離中己土，為性根之所寄」，離是卦名，己土是天干，這是本性。「離中己土」在人體就是中宮，中宮我們也講過的，等於胃的這一部份。

鉛汞代表什麼

「只因先天底乾性，轉作後天之離，元神翻作識神，心中陰氣，刻刻流轉」，我們的本性，變成我們現在可以講話的意識了。現在有個問題來了，他說父母未生以前，本來個個都是得道的聖人，有了這個生命以後，這個思想心停不了。一般講中國文化修養的人，都曉得只要把這個妄想的思想心清淨下來，就有希望了。可是為什麼清淨不下來？道家有一個道理，因為先天的本性，變成我們現在肉體的生命之後，先天的「元神」已經變成後天的「識神」了。佛家唯識學的八識，就是這個識神。轉成識神就受後天陰氣的影響，陰氣是有形有現象；先天的「元氣」是無形無現象的。先天是形而上，後天是形而下。變成後天的生命後，受心中的陰氣時時流轉的影響，一刻不能停留，因此我們思想停不下來。打坐是如何使心性凝定不動。佛學稱現在的思想作用叫做五陰，把陰修煉消除完了，成了純陽之體，就是道了。

「易失而難持，不得坎中先天至陽之炁，無以制之」，這個修煉難做到，所以說「易失而難持」。那麼要怎麼辦呢？道家有個比方，把我們思想比方成物質的汞，就是水銀。水銀的流動性最大，把一點水銀灑在地下，一下子就都散開了。可是水銀碰到鉛就不動了。所以道家把鉛、汞兩個看得很重要，說我們的心就像水銀，思想亂跑，流動性太大，你放一點鉛進去，水銀就不流動了。所以道家修煉「鉛、汞」是個代號，你不懂這個道理，看道書，看丹經，看死了都沒有用，書還是書，我們也成不了神仙。所以古人說「得訣歸來好看書」，就是這個道理。

這兩個代號不止代表這個，不過我現在先講這個心念流動。我們的

「坎」中有至陽之氣，先要把這個氣控制住，呼吸之氣不動了，思想也就凝定了。所以人睡不著時，呼吸更厲害，越生氣越睡不著！睡不著，氣更大。當氣真凝定了，不呼也不吸，思想就控制住了。禪宗祖師罵人「空腹高心」，說你元氣不能歸元，肚子裏空空的，都在腦子裏思想，這還能夠得定嗎？這一句話是根據老子說的「虛其心，實其腹」而來，如果頭腦空靈，元氣充實，思想自然就寧定了。

這裏他拿兩個卦來代表，離卦離中虛（☲），就是說思想周流六虛亂跑；坎中滿（☵），坎卦是中間充實，等到我們生命中元陽之炁發動的時候，思想就不起了。如果一個念頭思想都沒有，那不是變成死人了嗎？不會，那只是平常的思想沒有了，先天的靈感反而超越了現在的思想，反而什麼都知道，普通叫做神通，神而通之。所以要得坎中先天至陽之氣才可以，他說這個氣不來，「無以制之」，制服不住這個思想、妄想。我們要注意哦！有些人打坐修道氣機也發動了，肚子也鼓得很大，身體上的氣也很充滿了，以為這個是「先天至陽之炁」，不是的。「先天至陽之炁」是無形無相的，那又是另一種境界，不是這個呼吸之氣。

先天一炁來了

換一句話說，當這個肉體上「先天至陽之炁」來了，女的不管你多大年紀，又變回十二歲以前的樣子，男的變回童子之體。到這個時候，身心的感受沒有了，這個肉體上不呼吸了，用燈草或一根雞毛放在鼻孔下也不動；可是他皮膚還在呼吸，不過感覺不出來。這個時候用腦電波、心電圖做檢查，心電圖不會起伏，完全平靜了。這個時候是「先天至陽之炁」，所以無形無相。

念頭自然清淨之後，道家說了下面一句話，「然先天一炁從虛無中來」，思想感受空到了極點，「先天一炁」就來了。可是這一句話又害了人，後來看道書的人，想修「先天一炁」，打坐時幻想空中一股氣，咚！灌下來。所以呀，都修成神經了。明明告訴你，「先天一炁從虛無中來」，你卻在虛空裏頭抓，已經不虛無了嘛！那是有嘛！所以用觀想，觀想就是有嘛，那也就不對了。

「若非致虛守靜之功，安得窮源反本哉。」不證到空，不但不能明心見性，這個先天一炁也不會來的。「故曰，內以養己，安靜虛無」，他說，我們這個人的生命，「生身受炁之初」，當母親懷胎那一剎那，現在講是受胎時候，變成這個生命。「本來一點靈明，人人具足」，一點靈光好比電磁波，一吸引進去就構成了胎兒。一旦進去，你怎麼都跑不掉了，就被綁住了。這兩股力量在旋轉，科學現在也知道，精蟲卵臟一結合，一點靈明一鑽進去它就轉動了，就是輪迴的道理。你這個靈魂要跑也跑不出去了，慢慢就像豆漿一樣，就把你融化在裏頭了。所以我們現在都融化在這個身上，你要如何把它扭轉回來，自己跑出來，跳出三界外，那靠你的本事了。「只因後天用事，根寄於塵」，變成後天以後，就把這個身體生命拘束住了。

第三十講

剛才我為諸位唸一下這一節的註解，這一段很重要。不過不想再唸下去，否則耽誤時間太多了，希望諸位自己去仔細研究。如果不說修道的工夫，要講中國文化哲學方面的根據，以及生命科學的研究，這些都是最好的資料，希望大家留意。如能用現在的觀念，配合現在的科學與醫學的常識，這個內容就更多了，希望青年同學們，不要輕易拋棄了這個文化的寶庫。現在順便再貢獻大家一個資料，剛才提到呂純陽，他有個〈百字銘〉，只有一百個字，同這一段內養、內照形軀有密切關係。今天正好講到這裏給大家作個參考，這就是講「內以養己」，是鍊己築基最好的東西。能背得來，隨便講哪一種學問應用都有用處的。

修道百字銘

百字銘

養氣忘言守，降心為不為，動靜知宗祖，無事更尋誰。
真常須應物，應物要不迷，不迷性自住，性住氣自回。
氣回丹自结，壺中配坎離，陰陽生反復，普化一聲雷。
白雲朝頂上，甘露灑須彌，自飲長生酒，逍遥誰得知。
坐聽無絃曲，明通造化機，都來二十句，端的上天梯。

這是很正統的道家修養方法，「養氣忘言守」，第一句話就很難。如何養氣？不是練氣哦！不是做什麼密宗的九節佛風、寶瓶氣。各種氣功，講練氣是靠鼻子嘴巴的，據我個人統計，有兩百六十多種方法。所以人類真會玩花樣，就是兩個鼻孔跟一個嘴巴漏氣的地方，產生兩百多種的花樣，各家有各家的方法。可是養氣不是練氣，上次我們提到過養氣同養心的工夫，最好是孟子在〈盡心篇〉上的說法。現在真講養氣，就是要「忘言守」，「忘言」並不是不講話而已。言語是表達於外的思想，思想是沒有表達出來的語言，兩者是同一個東西。所以「忘言」并不只是不說話，它包括無思無慮，思想都清淨了。「守」就是定的境界。

「降心為不為」，「降心」這兩字，呂純陽大師是取用《金剛經》中須菩提問佛，一切人修行如何降伏其心；也就是問妄想心怎麼樣寧靜下來。把妄想心寧靜下來就是降心，好像是用力做有為的工夫。其實這個有為就是無為，有意把妄想心寧靜，反而寧靜不了；如果是無心，此心自然寧靜下來，所以為而不為。

「動靜知宗祖，無事更尋誰」，這一段呂純陽所講是最高的禪啦！不動心並不是道。禪宗也說「莫謂無心便是道，無心猶隔一重關」。真正修道的人，不但能出世，更要能入世，動靜之中都是道。在靜中不亂，在動中也不亂；靜中也無事，動中也無事；出世是無事，入世也無事。日應萬機，此心無事，在這個時候更尋誰？不要像禪宗參唸佛是誰，不要找誰了，因為「動靜知宗祖」，不迷，不失根本。

「真常須應物，應物要不迷」，一個修道的人，不是跑到深山茅蓬裏頭，躲開了一切叫清淨，而是要在入世作人處事之間，保持那個真如不動、恆常不變的那個道心，能夠應物處世，自己不迷失本來清淨的本性。「不迷性自住，性住氣自回」，自然回來的，氣自然定了。「氣回丹自結」，氣住脈停，久而久之就定，佛家講得定，道家講結丹了。「壺中配坎離」，人的身體，道家比方像葫蘆，密宗拿兩重寶蓋代表這個肉體。坎離是卦名，代表水火既濟。這樣定久了，身體上起變化，就會脫胎換骨。

「陰陽生反復，普化一聲雷」，整個氣脈自然震開了，一陽來復，地雷復卦。雷是震卦有震動的現象，佛經常說大地有六種震動，並不一定講這個地球物理的地震，有時候是形容身體上六種震動，沒有說八種震動，這也是六根轉化。一般密宗道家修氣脈的，這個時候，氣脈一下子自然都開了。所以一脈通百脈通，就是講中脈一通，百脈自然都通了。

當時的境界，「白雲朝頂上」，這是道家的形容，就是從頭頂開始身心內外一片白光，是有相的光明。「甘露灑須彌」，頭頂上自然有一種甘露流下來。這裏頭還帶有道家「天元丹」的意思。在佛家《禪祕要法》，白骨觀第十六、第十七觀裏頭都提到過「天元丹」。佛也說，修持到這個境界加上虔誠的恭敬心，有成就的天人，自然會給你灌頂。連釋迦牟尼佛都吩咐，到這個時候特別要注重營養，要吃好的飲食，而且避開一切人的困擾。到了這一步，要入密室，在不通風的地方，甚至到沒有鳥雀聲音的地方，一切聲音都沉寂了。這個階段才是道家所講的，得到「天元丹」的境界。

到這個時候，「自飲長生酒，逍遙誰得知」，佛家講是解脫了。「坐聽無絃曲」，就是觀音圓通的境界，沒有絃哪裏有音樂呢？這個音樂是天樂，莊子所謂的天籟之音；不是地籟，也不是人籟。「明通造化機」，這個宇宙生命的根源，萬有的根源都知道了。「都來二十句」，最後這兩句湊成二十句。「端的上天梯」，這是唐末宋代的土話，現在用白話來說，就是講真的上天梯了。也就是說，這個人可以昇華，超越這個現有的生命。

肌膚潤澤了

現在繼續《參同契》的正文。「黄中漸通理，潤澤達肌膚」，前面講到養氣的工夫，「內照形軀」，所以我常告訴學佛的同學，好好修白骨觀啊！那就是一個「內照形軀」的工夫。為什麼觀想不起來？因為你三光沒有陸沉。「三光陸沉，溫養子珠」久了以後，必然到達黄中通理。什麼叫「黄中」呢？出自《易經》的坤卦六爻，坤卦代表陰，五行之中「黄」是中間的顏色。我們民族自稱是中國，不是吹牛的，這個民族是黄種人，任何膚色的民族一跟黄種人結婚，三代之後一定變黄種。第一代眼睛變黑了，第二代頭髮變黑，第三代連皮膚也變黄了。它是個中和的東西，這叫做「黄中」。在我們人體，脾胃是「黄中」；在精神方面，就是萬緣清淨，一念不生的境界。到這個黄中通理的時候，在修密宗的人是中脈打通了，氣養到充足了，中脈不要求通而自然通了。「通理」的理不是道理，中醫書上叫「腠理」。皮膚的毛細孔叫「腠理」，通理是通這個，不但裏面通了，外面十萬八千個毛孔都打通了，都能夠與天地精神相往來，與天地通氣了。

「黃中漸通理」，這個氣養到最後得定了，「潤澤達肌膚」，皮膚變了，整個人都變成細嫩有光彩，由裏面發亮光。大致說來，肌膚外表發亮，歸功於上文的養氣，但還是外表的。下面告訴我們，「初正則終修」，所以修道最困難就是入手，要認識清楚，開始走的是對的正路，則「終修」，到了最後還是對的。因此我常常告訴大家，最初的就是最高的，所謂最高的就是最基本的，最基本的不對的話，什麼都錯了。所以學佛修道要講道德行為，就是諸惡莫作，眾善奉行。非常簡單兩句老古話，個個都會講，人人做不到。如果第一步不對，以後修了半天還是不對，你這個中心基本不打好，想求到最高深的成就是不可能的。

像你們又修道又學佛又學密宗，其實我當年也一樣，反正有道我就拜。密宗也好，顯教也好，我都搞了很久，最後我一道都不道，才曉得道原來還在我自己，我何必外求呢！可是不先經過那些冤枉路，死不了心。所以現在這些在家出家同學，想要到外面學，我說趕快去！趕快去！因為我有過經驗的，引用憨山大師一句話，是「以絕他日妄想」。你現在趁年輕學完了，將來年紀大放下來去做工夫，外面再怎麼鬧熱，說死了你都不聽，因為你都會都懂了。可是啊，話雖如此，以我的經驗，就在外面迷糊，永遠轉不回來的也很多。所以「幹立末可持」啊，亂七八糟的學那些枝節，心性基本修養沒有搞好，光是學了一大堆工夫，最後什麼都不是。

一是什麼

總而言之，什麼是道？老子講過一句話：「天得一以清，地得一以寧，神得一以靈，谷得一以盈，萬物得一以生，侯王得一以為天下貞。」什麼是一？道家有句話所謂「得其一，萬事畢」。你真正得到一，一切都成功。什麼是得一？其中問題還很多，禪宗後世又來一個話頭：「萬法歸一，一歸何處？」

《易經》又說了一個道理，又有一堆問題，「天一生水」，這個天是指道，不是天文的天，是形而上的天。在中國道家看來，這個宇宙地球的形成，同希臘哲學講的一樣，是一股氣流在這個空間嗡……轉起來。不曉得什麼原因轉起來的，科學家不清楚。轉了若干時候，直至液體出來。這個液體慢慢凍攏來，凍起來高的就是高山，低窪的就是海洋，是地質的形成。所以「天一生水，地六成之」，一加六是七，這是《易經》的數理。假使我們不加以解釋，學死了也搞不清楚。「天一生水，地六成之」，實際上是一個科學的理由，講地球物理的形成，第一個是水。這個水並不是今天所謂的「水」，而是指液體流動性的。

譬如我們修道，靜定久了以後，津液來了，就像打坐坐得好，口水來了。實際上是腦下垂體荷爾蒙的分泌，我們一身都有荷爾蒙。醫學上現在曉得一兩百種荷爾蒙，一點點荷爾蒙注射下去，人的個性都可以變了，也可以男變女，女變男。道家所講的「金液還丹」，是可以長生不老的，也就是腦下垂體的荷爾蒙。我們借用今天的科學講穿了，就是這麼一回事。但是我的話靠不住，現在的科學也靠不住，我只是拿現代科學所知道的範圍，做一個說明而已，科學將來還會再進步的。

在腦裏頭大腦小腦之間，有一塊「間腦」，醫學科學家還沒有答案，還在研究，那又是荷爾蒙問題了。所以「金液還丹」、「玉液還丹」是講荷爾蒙。為什麼打坐嚥口水有好處呢？口水多胃病就沒有了，現在醫學都曉得，治療胃病最好的是自己的口液嚥下去。我們小時候，手破了流血，鄉下人舌頭一舔就行了。現代知識份子看到會笑的，尤其是外國留學回來的，說中國人老土啊！現在一點都不土，鄉下人在田裏割草流血了，把那個爛泥巴抓來一敷一擦，嘿！就好了。後來才曉得爛泥巴裏有盤尼西林，又殺菌又消炎。

我在邊疆也有過經驗。有一次，我帶的兵很多傳染到一種性病，醫官都沒有辦法治。有人告訴我，偏僻山裏有個修道的會治。我的媽呀！看他那個樣子，我還真可以當他的老師。但是據說他能夠治這個病，我只好跪下叩頭，還送了很大的禮。他告訴我用「曲蟺」就行了，就是蚯蚓。把蚯蚓挖來放在碗裏，白糖一把放下去，然後喝那個水就好。我將信將疑，回來就叫勤務兵挖蚯蚓放在碗裏，白糖一放，蚯蚓化掉了，都變成泥巴，過半鐘頭泥巴沉澱了，上邊變清的，什麼性病都治好了，原來蚯蚓裏頭都是盤尼西林。你說老祖宗這個科學哪裏來的？你說不科學嗎？絕對科學。

有人問，端午節為什麼擦雄黃？消毒呀！因為端午節濕度最高，是培養細菌的溫床，艾草呀，放鞭炮呀，擦雄黃呀，喝酒吃大蒜呀，全是殺菌的。細菌是鬼嘛！古人不告訴你這個理由，他說趕鬼，這些鬼趕跑了就沒有事啦。這個道理是「民可使由之，不可使知之」，你告訴他那麼多理由，他仍然沒完沒了問你，沒有時間給他講，照著這樣做就對了。

如何能得一

所以講到「一」，「天一生水」，一是什麼？「得其一，萬事畢」，修道學佛講打坐得定，定是專一，從專一開始。佛也說過「制心一處，無事不辦」，你要成道很簡單，能夠得一，無事不辦，可惜大家做不到。

「一者以掩蔽，世人莫知之」，就是一言以蔽之，只有一句話，他說，世上的人都不知道。他這句話說了等於沒有說！你看看這個文字，魏真人不是開玩笑嗎？就是說，你們不懂，不懂什麼是一。因為一的境界是專一的工夫，如果我們要講理論，這個一字的哲學，可以寫一部專書。

現在參考朱雲陽真人的註解，他的確有獨到之處，非常好。他的註解說：「**此節，言鍊己之功，在乎得一也。**」所以百日鍊己築基要得一。「**度人經云**」，這是道家的經典。「**中理五炁，混合百神，可見中黃丹扃，為萬化統會之地。譬若北辰居所，眾星自拱。學道之士，從此溫養子珠，勿忘勿助。**」孟子云：「心勿忘，勿助長也」，孟子傳你口訣最重要的就是勿忘勿助。我們打坐修道，勿忘勿助就是不增不減。但是我們做工夫不是在那裏增，就是在那裏減，所以做不好。

這個「一」向哪裏找？你不要去找！打坐兩腿一盤，這個時候很定就是一。到後來，你只要加一點點，手也擺好腿也盤好，心想這個時候我要打坐了，完了！已經是二了，不是一了，接著就三四五六七八九十都來了。所以大家要靜，什麼時候是靜呢？你不需要求靜，只像是想要休息一下。休息還不簡單嗎！說休息就休息，如果說，格老子我要休息啊！那已經不休息了，已經多此一舉了，就不能得一。

「久之神明自生，漸漸四通八達，身中九竅百脈，三百六十骨節，八萬四千毛孔，一齊穿透，自然光潤和澤，感而畢通。即易所云，美在其中，而暢於四肢也。故曰，黃中漸通理，潤澤達肌膚。丹道有初有終，有本有末。初者鍊已，下手之功。終者入室，了手之事。」最後要閉關「入室」，到了房間密不通風，內外隔絕。所以道家真到了閉關，就是要「了手」了，在要成功之前，只差最後一點，必須要隔離人事跳出去。

「初如木之有幹，本也。終如木之有標，末也。然須知最初下手一步，便是末後了手一步。」一點沒有錯，最初的就是最後的。所謂「但得本莫愁末」，這句是禪宗永嘉大師說的。「初基一步，便踏著正路，從此循序漸進，修持之功，自然節節相應。原始可以要終，即本可以該末矣。故曰，初正則終修，幹立末可持。然則孰為初，孰為本，要在一者而已。」什麼是一？「未生以前，惟得一則成人」，就是一念動了，來結胎了，結了胎有生命了，「有生以後，能抱一即成丹」。

道家這個哲學，據我的知識範圍，全世界人類的學問，只有中國講這個。這一句話我可以絕對肯定的講，其他國家沒有這個文化。道家認為自己這個生命裏頭，可以再產生一個生命，人自己本身可以生出一個東西，因為人本來是有這個功能的。

一產生一切

人自己的精神如何另外產生一個生命？這個道理我們再參考一個資料，這很妙，佛經講三界：欲界、色界、無色界。我們都在欲界的下層，是太陽系統下的，太陽系統以上的還有好幾層，都屬於欲界。欲界的生命，是靠兩性結合，有性的行為才能夠生生命，兩性的結合叫精交，欲界下層是精交。欲界上層還有男女兩眼相視一笑就懷孕了！有的是男人懷孕，所以呀男女平等，女性趕快到那邊去，那是真平等。那麼男人生孩子怎麼生呢？頭頂裂開生出來的，差一點的是肩膀這裏出來。全世界人類文化，講天人之間，沒有第二家像佛講的那麼詳細。

色界沒有欲，有愛！那靠什麼交呢？氣交。還有，無色界是神交，連兩個相視一笑都沒有了，自己意念一動就有化身，也不從男的生，也不從女的生。所以我叫你們研究「三界天人表」，你把佛學的生命道理研究清楚，你就懂得修道了。

道家這個原理也是這樣。我們的生命很可憐，任由它衰老、死亡，真可惜。道家說，懂了方法修持，生命本身可以放下，另外產生一個新的生命，永遠不死。即使再死一個，又可以生出來一個，生生不已，都做得到！這個叫做「能抱一即成丹」，就是把精氣神凝合。

「蓋一生二，二生三，三生萬物。順去生人生物者，此一也。」順著自然是欲界的道理，像我們生人是順著來的。「而三返二，二返一，一返虛無，逆來成聖成仙者，亦此一也。」道家告訴我們，路子倒轉來走就成仙。其實佛家雖不講，也是一樣的道理。

所以道家說還精補腦，長生不老。據我的研究，人衰老，第一是頭腦老化，腦下垂體不老的話，眼睛不會老，腦下垂體有如此之重要。你看那個不老的人臉上沒有皺紋，他這個腦袋越來越長高了。所以南極仙翁長得像個冬瓜一樣的腦袋，實際上是把皺紋向後面拉，腦袋長充實了，腦下垂體荷爾蒙足了。普通老化的人，你看那個額頭就矮了，皺紋越來越多，因為頭腦衰退了。很多老朋友講，老了記憶力衰退了。我說，你們是不努力，我現在越老反而覺得記憶力越強，比年輕讀書還要強一點。為什麼呢？你們不是記憶力衰退，是自己覺得老了，這種心理衰退是最可怕的事。生命是可以拉回來的，這是我們文化最寶貴的發明，希望你們每一位都長生不老！

第三十一講

一到底是什麼

《參同契》上次講到這個「一」，這個問題在後代的道家，是個爭論的焦點。後來修道人產生的爭論是「守一」，這是專門的術語，一般都在這個身體上守一，於是守一就變成守竅。所謂守竅普通的就是守三個丹田，這不是說守丹田是對的，我只是給大家做一個介紹。一般都守上竅，就是印堂、山根這裏。這是中國人看相的名稱，所謂印堂是左右眉毛之間，山根還要低一點，在鼻樑上端和額頭連接的地方，在道家的術語稱之為上竅。下竅是在肚臍以下一寸三分。中竅是兩個乳房的中間。後代的道家所謂三竅，也叫三丹田，前面都介紹過了。古人好像傳一個竅，也是很嚴重的問題。另外還有個名辭叫做「祖竅」，那又不一樣了！

這些丹經所謂守一，是根據老子所講一的道理，「得其一，萬事畢」，一般守著這麼一個地方，死死地打坐，認為是守竅、是守一，就是修神仙之道。有沒有效果呢？有效果，效果很簡單，但並不是什麼神仙的道法。如果把注意力集中到身體某一點，久了以後，氣血都向這一點集中，因此發生特別的現象。有些守竅守到神經受氣血的影響，內在震動。像這些特別現象一來，配上自己心理上的觀念，就認為這是氣脈走通得道了，其實這都不相干的。你如果每天看那個手指頭，看了三年，這個指頭會變長變胖，因為精神專注的作用。

但是守上竅，血壓高不能守；血壓低的或貧血的人，初步學也很困難，頭會發暈。守下丹田更嚴重，有些人越守肚子越大，不是小腹大就是胃這裏特別鼓出來。女性守下丹田往往毛病更多。這三竅是有作用的，與一般中醫所講的上中下三焦有連帶關係。但三焦究竟是個什麼很難講，我們外行勉強講內行的話，應該是屬於荷爾蒙所分佈的腺路。

但是「得其一，萬事畢」不是守竅這個道理。「一」是個什麼？所以我希望諸位看一下朱雲陽真人的註解，他的註解等於吃很穩當的中藥，雖然不能救命，但是不會有後遺症。他說：「太上云，得其一，萬事畢。又曰，谷神不死，是謂元牝。」所謂太上就是老子，是道教對他的尊稱。在老子《道德經》上有谷神、元牝的名稱，過去我們研究老子的時候已經提到過谷神，谷就是山谷，是個狹長陰暗的地方，有三角形、布袋形、長方形。有一種山谷是進去之後沒有出路，等於山洞一樣，不過比較大而深，空氣不對流，所以有回音，這樣的地方不能住人。另一種山谷是兩頭相通的，空氣對流，但是幽深。谷神是形容一個空靈的地方，越是空到極點，我們反而感覺很難受，好像其中有神，有不可知的一股力量，這是老子所講的谷神。

元牝，現在用的這個「元」字，老子原書是「玄」。這個「玄」字研究起來也很麻煩，根據老子自己所說，是「玄之又玄」，簡直是不能解釋。後世的學術家又分兩種解釋：一種認為玄字代表了宇宙的形象，形而上與形而下的關係是個連環圈，彼此相連，你說它屬於哪一頭，都不一定。另一種屬於唯物思想的解釋，這個「玄」字古代是上面點一點，掛下來一條線，連著兩個圓圈。那個就代表細菌，微生物，或者人的精蟲，這些東西都屬於古代的玄字，它是個象形，像小蟲一樣活動的東西。

谷神與本性

「牝牡」兩字是母性、公性的生物分類代名辭，所以我們一看牡字就曉得是公的，一看牝字就曉得是母的。宇宙間萬有生命都從母性的身體而生，所以它叫「玄牝」。谷神不死，空靈的那個地方，它使用的價值永遠不會死，這是老子的話。我們的重點現在不是老子，是研究丹道。

他下面說「**谷神至虛而至靈，其妙生生不已**」，這是谷神，至妙至靈是個空洞的東西，空洞的東西反應很快的，佛學所謂感應道交。感應兩個字從《易經．繫傳》來，「寂然不動，感而遂通」，講這個生命的本來。谷神這個東西，生生不已，「從生生不已處，分出元牝」，是一個能夠生萬物的根源。

元牝與谷神名稱不同，「其體則一，其用則兩」，是一個東西，但作用不同。一般修道家的，專門在身體上找這個東西，身體上找就很難了，我們千萬不要想在身體上找。譬如我們曉得人體的神經、氣脈是左右交叉的，所以你守上竅，有時候影響下部，守下竅影響上部。這是一套醫學的道理，可以說是道的術。術的意思是一種方法，不是道體。

元牝與谷神是一個東西，生生不已的，是真正的祕密，「祕在掩蔽二字」。掩就是蔽，蔽也就是掩，等於我們講古代有個人學作詩，作了一句「關門閉戶掩柴扉」，關門是關門，閉戶也是關門，掩柴扉也是關門，說了半天只講一件事，豈不是空話嗎！可是他在文字上，有三種玩法不同。我們假設這書中的話也在玩文字，「掩者，掩其元門，蔽者，蔽其牝戶」，這句話還是沒有老老實實講出來玄門在哪裏，牝戶在哪裏。

「若非一者在中，豈能掩蔽」，就是中間這一點的作用，就把它關閉。

「然非掩蔽于外，亦不成其為一」，外面關閉了，裏頭才能夠得一。看道書真要命，每到這種重要的地方，就是一句話：「此中竅妙，非得真師指授」，要真師指點！我曉得哪個是真師呀？困難就在這裏。佛學說到「善知識」就是明師，如果「不擇利智而教之」，老師對這個學生前生的根器都不知道，隨便傳法，這個老師是犯戒的，很嚴重呀，犯戒是下地獄的。依佛家的講法，弟子對老師不選擇，也是犯戒的。所以講了半天，雙方最好都不要幹。老師如果得道有神通知道前生，那比較好辦；我們當弟子的就很難辦了，誰曉得哪一個是明師呢？這就是道家和密宗的考驗，講到最後留一手，始終不講。其中的巧妙就是，如果沒有真正的明師，「縱饒慧過顏閔，莫能強猜」，就算你的聰明智慧超過孔子最好的學生顏回、閔子騫，你也推測不出來。「況世間凡夫乎！」更何況一般凡夫，更推測不出來了。我們現在只好看書研究了，哪裏去找個明師呢？

「故曰，一者以掩蔽，世人莫知之。所云黃中，是指出祖竅之中」，這裏又來個祖竅。「所云一者，是指出祖竅之一。知中，則知竅。知一，則知竅中之妙。知竅中之妙，便知本來祖性，便知守中抱一，是養性第一步工夫。」知竅中的妙，你就明心見性了。正統的道家講性命雙修，不能只修一邊。所以道家看學佛的人，只唸佛、打坐、參禪，那是修性不修命，所以身體搞不好。幾乎每一個學佛的人都面帶菜色，百病叢生，都有病。因為他只修性不修命，從心性入手，命功不知道，「此是修行第一病」。你說自己修行怎麼好，但是身體又那麼壞，比普通人還差，這個就是不大對了。但是道家也反對只煉身體，紅光滿面，相貌堂堂，好像百病不生，最後倒下來死的時候，一下子就走了。這個叫做只修命不修性，沒有修明心見性，只鍛煉身體守竅，「萬劫陰靈難入聖」。你修一萬輩子，還是不能成仙成佛，因此道家主張性命要雙修。

那麼這裏所談的，就是說要知道本性在哪裏。現在我們有個問題，本性是不是在谷神境界，玄牝不死的那個祖竅裏頭？他在這裡露了一個消息，把這個形象給我們畫出來了：「守中抱一」，在真正得定的境界，到了氣住脈停，雖然不談明心見性，這是「養性第一步工夫」。所以我們大家講氣脈打通，為什麼修行要打通氣脈呢？打通氣脈的目的是氣住，氣滿足了，充電一樣充滿了就停住了，那麼脈也停了。這個後天的作用不來，自性的清明就不會現前。道家把這個講得很高，即使如此，不過是到達「**養性第一步工夫**」。一點沒有錯！這一點我很同意，承認他這個說法是對的。不要認為得定了，就是一念不生全體現，還不是那麼簡單。更何況你的思想妄念始終定不了，連守中抱一都還沒有做到，氣住脈停更談不上。因此不要說明心見性，連養性的第一步工夫都沒有到。

兩竅互用章第七

上德無為，不以察求。下德為之，其用不休。上閉則稱有，下閉則稱無。無者以奉上，上有神明居。此兩孔穴法，金炁亦相胥。知白守黑，神明自來。白者金精，黑者水基。水者道樞，其數名一。陰陽之始，元含黃芽。五金之主，北方河車。故鉛外黑，內懷金華。被褐懷玉，外為狂夫。

金為水母，母隱子胎。水為金子，子藏母胞。真人至妙，若有若無。髣髴太淵，乍沉乍浮。退而分布，各守境隅。採之類白，造之則朱。鍊為表衛，白裏真居。方圓徑寸，混而相拘。先天地生，巍巍尊高。旁有垣闕，狀似蓬壺。環匝關閉，四通踟躕。守禦密固，遏絕奸邪。曲閣相連，以戒不虞。可以無思，難以愁勞。神炁滿室，莫之能留。守之者昌，失之者亡。動靜休息，常與人俱。

兩竅互用

這一章也是講養性，我們先看朱雲陽祖師的分類註解。「**此章，直指坎離兩竅之用，為金丹關鍵也。**」現在講坎離兩竅，坎也是耳朵，離是眼睛，打坐的時候，就是修四個字：「收視返聽」。那麼佛家呢？「收視」就是觀自在菩薩的法門，有觀有照，是收視的工夫；觀世音菩薩的耳根圓通法門，則是返聽的工夫，這是兩條路。佛學在翻譯的時候，有「觀世音」「觀自在」兩種名稱，所代表的則是兩種修行的方法。這是舉個例子，說明坎離兩竅。

到現在為止，還不曉得這兩竅在哪裏，還沒有找到呢！在本章裏頭講它為金丹的關鍵，我們修道想修成這一顆丹，吃下去長生不死，那麼這個藥在哪裏找呢？不在外面找，因為它就在我們自己生命裏頭。所以中國有些道書，這個藥字寫成左邊一個自己的自，右邊寫一個家庭的家，自家下面寫一個水字，寫成「𦞵」，就是自家本身上的東西。但是你看到這個水字不要誤會，連小便都不敢放了，那就不得了啦。

有些修道家的人一輩子不洗澡，怕洗澡漏了元氣，不敢放屁，說放屁也把元氣放掉了。所以忍屁不放，久而久之臉上一股黑氣，大小便中毒了。修道家的千奇百怪，千萬不要走這樣錯誤的路，有許多修道的朋友一看就是這個路數。我說你腸子裏的瓦斯不放掉，將來裏頭會結塊成病的，那真是「結丹」了。那個丹是擔心之「擔」！結成硬塊只有動刀了。

上德與下德

第七章原文：「上德無為，不以察求。下德為之，其用不休。」上德、下德兩個名稱，是老子提出來的。昨天正有幾位先生談到，有一位素來不同意老子，他對老子的陰柔之道很有意見。

我說老子陰柔之道沒有錯，陰柔不是害人，陰柔之道最高是道德，所以老子這本書稱《道德經》。我說你老兄不要忘了，老子這一本書分上下兩部，上經專門講道，下經專門講德。中國古代的文化四書五經，道德兩個字不是連起來用的，道是道，德是德。道是講體，德是講用，講行為，而且古人解釋德字，德者得也，一件事情做出來，有很好的成果謂之得。那麼上德、下德這兩個名辭，在老子的書上是屬於下章。我們拿現在觀念講，最上好的行為是上德，次好的行為是下德。可是在《參同契》這裏不同了，上德是昇華的，下德是普通做基礎的。

原文又有兩個名辭也屬於《道德經》，一個是無為，一個是為之，就是有為。前天有一位同學寫日記，提到呂純陽〈百字銘〉中「養氣忘言守，降心為不為」，他對這一句解釋不通，在日記上提出要我解答。呂純陽「降心」兩個字採自《金剛經》，有意的把這個妄念空掉，有意就是有為，有為工夫是不對的。「為不為」，實際上是為而無為，不要真有意去做，那樣就落於痕跡，變成下乘道法。這不是很簡單的兩句話嗎？那麼你說我不要打坐，不要修道就成道了，不行！非「為」不可。你還是要照規矩來，所以為而不為。「上德」是無為之道，上品丹法什麼都不求。

昨天有一位青年朋友來，是修道家的，進門我一看，就知道他肝臟有病，因此而來求道。這叫作「臨老投僧，臨死抱佛」，快要死的時候找和尚來唸經了，修道的人也多半如此。我說你這個青年人，身體不好來修道，你有什麼工夫？他說他學的無為法，我也只好笑笑，真是開口說大話，空口說白話。等於學禪學佛的講放下，放下已經是有為法，有個可放下的已經不對了。無為法是自然的，就是這樣，一切無所為。假使我進一步問你，你既然無為，何必修道？修道就是有為了，修都不要修，還有個什麼道呢？道也不要道，那就是上品丹法，真正無為。

所以這個之難，上品丹法「不以察求」，不是在裏頭閉起眼睛打坐觀察，看個光啊！守個氣呀！還守個竅呀！打坐的人守竅，當你守在這裏，心不曉得想到哪裏去了。哪個人能夠守竅守到永遠不動一個念頭的？如果有這樣的人，雖然不神通，也要神經了。有些人說，我這裏嘣嘣的跳，你天天看守著這裏，那個氣血向這裏衝，搞得不好就是鼻子出血，如果作意太過，尤其是中老年人，加上血壓不對的，算不定就腦充血。千萬不要玩這個，最好走上品丹法，「上德無為，不以察求」，也不要守，也不要管。我上次提過道家的《清靜經》，你們好好去看一看，文字很短，內容非常非常好。佛教的《心經》是講心性之道，《清靜經》裏頭還帶著講工夫，這個是上德。

「下德為之」，等而下之，是有為的工夫，做有為工夫「其用不休」，要以不休起用。後來佛家也採用，實際上這個是老子的東西，有為與無為之間修道做工夫，究竟是有為法，還是無為法？形而上道是本體，是無為的；但是我們不管是學佛修道，修的都是有為法。佛法最高是空，因為我們達不到空，所以所用的方法都是不空的，是用不空方法，以求得自己最後達到了空。道家也是一樣，真正的道是無為，「上德無為，不以察求」，你看不見，摸不著，找不到。但是你想達到形而上看不見摸不著找不到的道，必須要從有為方法做起。有為到了極點，才能到達無為。明朝有位梢堂禪師，詩好道也高，他的修道經驗有兩句話：「千丈巖前倚杖藜」，靠著這個拐棍，「有為須極到無為」，佛道兩家一切工夫，都是從有為法下手，有為到了極點時，才真正得了無為的道。

「上閉則稱有」，上面一關閉就是後天了，則稱有。「下閉則稱無」，下面一關閉，就得到道了，空了。這兩句話不曉得講些什麼，這個上下兩竅，究竟是怎麼樣關閉？先休息一下再講。

第三十二講

上竅與下竅的功能

我們剛才研究到「上閉則稱有，下閉則稱無」，先介紹有形的上下兩竅。中國的道家及醫學，把人的生命，從懷胎到出生歸納屬於先天；一出娘胎是先天裏頭的後天；由嬰兒到小孩階段，女性第一個七年，男性是第一個八年，都還屬於先天卦的範圍。我們頭頂心有個有形的上竅，這個頂門穴道，醫學叫百會穴，道家稱為泥洹宮，密宗稱為頂輪穴，名稱不同，都是有形的上竅。

在身軀的底部，肛門與前陰之間有個三角地帶，叫做會陰穴，在密宗稱為海底，印度的瑜珈術叫做靈蛇穴，是這個生命的靈力活動所在。這是有形的下竅。

嬰兒生下來，據古人相傳，這個時候頂門上竅沒有封閉，他的神還與天地相通。「上閉則稱有」，上面一封掉，嬰兒才開始說話，那就是後天生命的開始。上竅一閉，下竅就開，就向下走了，人就慢慢長大，所謂情竇初開，男女的情欲就慢慢來了。所以「上閉則稱有」是有形的。那麼修道呢？上面一閉，生命向下面走，尤其這個世界的生命，都從男女兩性的下體延續下去的，生生不已。所以修道的人，要修到把開了的下竅重新關閉，從海底竅開始，煉精化氣，煉氣化神。到了煉氣化神時上竅開了，修密宗的叫做開頂。

密宗真正開了頂的人很少，我親眼看到過。我們當年拜一個老師，四川人，是不是神仙我不知道，不過一般人叫他神仙。他那個時候八十幾了，可是心理狀態很年輕，也沒有什麼脾氣。他的頂門是開的，我們經常去摸，裏面有跳動像嬰兒一樣。還有一點，他八十歲的人，乳房這麼一擠，可以擠出奶來，那也是真的。根據道家說法，這一類的可算地仙，走路很快。《神仙傳》上講「行疾奔馬」，我們沒有看過他跟馬比賽，我走路還算是輕便，可是當年跟他走路，也有點吃力。這都是我親眼所見。

後來在西藏，看了這些喇嘛，什麼頂門開了插草呀！我給自己插過，也給人插過，那不算真開。氣脈打通必然會開，而且開的時候會有震動的聲音，所謂頂門一聲雷，嘣！你們真修到那個時候會把你嚇昏了，就像天上打雷，一大聲震動，就震開了，是有這種現象。

所以「上閉則稱有」，開始了我們後天的生命。修道是「下閉則稱無」，下面關閉了，精氣神不漏，不向下走了，叫做「無」。不是沒有，而是空靈了，還歸於空無。所以「無者以奉上」，下面的作用不再起了。在佛家也有很多的說法，起碼是「馬陰藏相」。伍柳派非常注重這個，馬陰藏相沒有什麼稀奇，練氣功的人也做得到，練童子功的人也做得到。馬陰藏相不要亂練，過份練氣功，會睪丸收縮，那不是馬陰藏相，而是一種病態，搞不好最後還要開刀，或者攝護腺（前列腺）這些地方都會出問題。真正馬陰藏相是個什麼樣子，也不要亂去猜想。

總而言之，如果講馬陰藏相，那是外表，實際上「下閉則稱無」，就是下面完全無漏，頂門重新開了。「上有神明居」，從頂上開始，老實講學密宗的人，到了這個境界，才真正叫作灌頂。不是像現在鈴子搖一搖，拿個瓶子裝水倒一倒，就算灌頂。天主教叫洗禮，這都是同一個系統下來的。這個時候是入定的境界，豈止光明，而且霞光萬道。不到那個境界不要去幻想，幻想不但沒有霞光萬道，反而是神經萬年。換一句話說，是頂門的脈打開了，這就是氣脈問題。我們說任督二脈、三脈七輪都打開了，就是到了這一步的境界，這個時候肉體上是氣住脈停的現象。

道家還有一個祕訣，張紫陽真人說的：「一粒金丹吞入腹，始知我命不由天」，就是道家所標榜的「萬化在手，宇宙由心」。這個丹藥不是用嘴巴吃，這是道家的隱語，是另一個口，哪裏呢？就是上竅這裏。現在我公開講了，反正我也沒有道，我也不是神仙，讓你們年輕人去修吧。也許你們修成神仙，將來你能幫忙拉我一把也不錯。天元丹從頂上下來這個時候，古人當它是不傳之祕，我覺得沒有什麼，這可以明講，一般人就算曉得也做不到。

上下氣平衡交換

注意下面一句話：「此兩孔穴法，金炁亦相胥」，上下互用，這個是火候了，很難。你們做工夫做到頭昏、頭重，還談不到這個境界。氣向上行，就會有頭昏的現象。你們問經常頭痛怎麼辦，我說把腳扭一扭，是「其治者在下」的道理。因為那不是真的氣上來，是虛的，你元氣沒有上來，頭輪的氣脈打不通，很脹。你去量血壓並不一定高，反而是低血壓，那是氣上不來的原故。所以我經常笑現在的人是科學迷信，我不量血壓，也不檢查身體，因為我活到這個年紀，用了幾十年很夠本了。即使檢查出來，有個不好怎麼辦？不好也是死，好也是死。已經曉得最後是這麼一件事，所以懶得去麻煩檢查。

血壓跟著氣候、情緒都在變化，氣候濕度太高，大家這幾天就感覺沉悶。注意現在是陰曆五月，干支是午月，濕度高，人就容易昏沉愛睡，那是因為陰氣剛剛萌芽。這個時候有些人覺得難過，我說這個時候最容易死人的，早晚氣候不同，血壓不同，情緒心境好就高興，也許血壓就高。有些人還買一個血壓計放在旁邊，進來量一量，出去量一量，活得好辛苦啊！就合了老子的話：「吾所以有大患者，為吾有身，及吾無身，吾有何患」。如果能不為這個身體忙，還會有什麼痛苦呢？

但是上下這個氣，隨時要交換的，所以我常常問，你怎麼醒來怎麼睡著的？這與兩個氣都有關係。這兩個孔穴要想打通，「金炁」必須平衡，金炁也不是元氣，西方屬金，金屬白色，「金炁亦相胥」就是要平衡的意思。我經常問人，你們天天講任督二脈通了，通到哪裏去了？你轉河車轉到什麼時間為止？都答不出來！修佛家止觀法門修數息的，坐在那裏已經數了幾十年，我說學會計都比你高明，你在那裏數下去幹嘛呢！「一數二隨」，你數了以後，覺得呼吸跟心念一配合，就不要數了，接著是「隨息」的方法。所以一般人修道，至少在我這個不修道的人看來，是蠻可憐的，古人叫做「學道之愚」，被道騙了。其實道也沒有騙你，自己被自己騙了。

性命與祖炁

這幾段，朱雲陽祖師註解得太好了，諸位學道家的，不要輕易跳過去。現在我們花一點時間唸一唸：「此節，指兩竅之妙用也。大道，非一不神，非兩不化。」這是道家的中國文化，一定要達到專一，那個神靈境界才出來，這是講道的體。道的用呢？「非兩不化」，就是陰陽二氣。「上章云，一者以掩蔽，既明示人以得一矣，然而掩蔽之妙，其體則存乎一，其用不離乎兩。蓋金丹妙用，只在後天坎離。」有了生命以後「坎離妙用，不出先天乾坤」，坎離也好，乾坤也好，都是代號。他現在講，「究竟只是性命二字」，只是兩個作用而已，一個性一個命。「性者，先天一點靈光，真空之體也」，一念不生全體現謂之性。「其體，圓成周遍，不減不增。在天，為資始之乾元」，拿宇宙來講這個自性，名稱不同，引用《易經》資始的乾元就是萬物靠它。「在人，便是父母未生前，本來面目」，拿人來講，他說是乾卦之體。「故名上德，此中本無一物。靈光獨耀，逈脫根塵」，這是引用百丈禪師的話。「若從意根下卜度推求，便失之萬里」，本性的東西你用妄想分別心，用意識心來求，就不對了。「蓋性本天然，莫容擬議」，講它空也不對，講它有也不對。「直是覓即不得」，你要找一個明心見性就錯了。「故曰，上德無為，不以察求」，就是講性命雙修這個性。

「命者，先天一點祖炁」，祖炁是父母生下就帶來的，所以胎兒在娘胎裏也在呼吸，不是鼻子是靠臍帶，一切都通過母親的呼吸，也是通過臍帶活著。一出娘胎，臍帶剪斷了以後，就開始靠鼻子呼吸了。這個臍帶也是上閉下閉的道理。「先天一點祖炁，妙有之用也」，這一點就是佛家講真空妙有。「其用，樞紐三才，括囊萬化。在天，為資生之坤元」，在《易經》是屬於坤卦大地。「在人，便是囡地一聲時，立命之根」，人出娘胎時胞衣打破，囡的一下，小孩出來，然後臍帶剪斷，鼻子開始呼吸，這是命根開始，「故名下德」。

「其中元炁周流」，所以密宗、道家，真講修氣並不是修呼吸之氣！也不是精蟲卵臟的精！就是這先天一點祖炁，那個生命的功能。這一點電能的充沛，「潛天潛地變現無方」，無所不在，也無所在，在身體內部你找不到。「若向一色邊，沉空守寂」，色就是指身體，你如果在身體上找，找什麼守上竅、中竅、下竅，「便墮在毒海」，你就中毒上當了！身體任何部份都沒有它。

「蓋命屬有作，不落頑空」，你如果只想空，以為是道，不曉得修命功，身體上的變化也不懂，那你白修一輩子！佛家道家叫這個為「頑空」，你修了沒有用，跌落頑空。「一息不運即死」，這個息不是氣，這個元炁一下不轉動，就停擺了。「故曰，下德為之，其用不休」，源源不息，永遠生生不已而來。「上闭則稱有者，坤入乾而成離也」，這個坤卦代表這股氣，就是命功的成就，氣脈成就了，到達自己真空之性出現。「先天之乾，本是上德，只因坤中一陰，上升乾家，陽炁從外而闭之。所謂至陰肅肅，出乎天者也。乾中得此一陰，性轉為命，感而遂通，遂成有為之下德矣。」所以慢慢你們坐得好了，自然會恢復胎兒那個呼吸。所謂密宗的氣功，什麼九節佛風，寶瓶氣，都是勉強的方法。不用勉強的方法你打不通氣脈。打通了以後，最後恢復到胎息，鼻子呼吸停止了，恢復到胎息，像胎兒的呼吸一樣，下丹田自然呼吸啦！到這個時候，女性恢復到十幾歲以前的身體，男女一樣，沒有差別。

一升一降的法門

「人但知離體中虛，便認做真空」，一般人只曉得打起坐來，心裏頭空空洞洞，認為這個是空。「不知這一點虛處，正是真空中妙有」，真的一念不生全體現，你認為是空，這個不是空，是有。「喚作無中有」，「無」裏的真空中妙有。「下閑則稱無者，乾入坤而成坎也」，先天本性到了後天，身體上變成後天的坎卦，坎卦屬於水。「先天之坤，本是下德。只因乾中一陽，下降坤家，陰炁亦從外而閑之。所謂至陽赫赫，發乎地者也。」這個時候你是內外一片光明，「至陽」怎麼叫「發乎地」呢？從「下德」修起，身心氣脈打通了，氣住脈停充實了。所以我常常告訴本院出家的同學們，釋迦牟尼佛高明，教修白骨觀，從腳趾頭觀起，就是這個道理。佛不給你們說穿了，要你們自己懂得。「坤中得此一陽，命轉為性」，恢復到本來真空。「寂然不動，依然無為之上德矣。」

「人但知坎體中實，便認做妙有」，一般人修道只要下丹田一充實，念頭都不敢動，生怕這個東西跑了。「不知這一點實處，正是妙有中真空，喚作有中無」，所以念一空了，這個氣體自然充實。「坤中既受乾炁，還以此點真陽，上歸于乾，是謂反本還原，歸根復命。」到達這個境界修道，「自是先天神室中，產出一點鄞鄂」，鄞鄂是城牆一樣，築了一個範圍。有了這個範圍，外面打不進來了，裏面也打不出去了。「是為萬劫不壞之元神」，真空妙有修到了，你說它空嗎？是有的；有嗎？是空的，這個就是「丹頭」。

別的道書上不是這樣說的，這個靈丹一點，點鐵成金，就是這個東西。

這個修成了是萬劫不壞的，身外有身都是這個來的。「故曰，無者以奉上，上有神明居。神明之妙固，全在中黃正位。」中黃我們以前解釋過的，在有形的身體上是中宮，也可以說是青春腺的這一部份。人年紀大了，不管男女，青春腺已經死亡，所以身上的樂感就發不起來了。中黃正位，有形的如此。無形的「中黃正位」是歸到坤體，一念不生，絕對清淨。「然非坎中真金之精上升，離中真水之炁下降」，上下兩炁降升而來，所謂上從天而降，下從地而升，就在中黃這個之間，「有無互入，兩者交通成和，神明亦何自而生耶」，所以上下要交。

那麼密宗呢？在座有幾位法師學過密宗的，你們就知道，往生法跟藥師佛長壽法，必定要連起來修，也就是這個道理。一個往上升，一個往下降，講穿了就是那麼一回事。所以學術上說，究竟密宗是由道家傳過去，還是道家由密宗傳過來呢？這是人類文化的大問題！埃及、印度、中國這三大東方文化究竟的關聯在什麼地方？這個問題很大了，連畫符唸咒，也有很多相同的，修道的方法也相同。現在懂了這個，就懂得往生法與長壽法為什麼要合修。所謂不死之法還不是這個，等我那一天高興了，再慢慢告訴你，反正同這個有關係的。

所以《參同契》上說，「故曰，兩孔穴法，金炁亦相胥」，無形的即坎離兩卦，有形的我剛才也跟大家講了。「兩孔穴即坎離兩用之竅妙，所謂元牝之門，世莫知者也。」這一段講完了。

黑白是什麼

現在回到魏伯陽祖師《參同契》本文，「知白守黑，神明自來。白者金精，黑者水基。」這裏開始講修道做工夫的有為法了。什麼叫「知白守黑」？這也是用老子的話，我們畫太極圖，一半黑一半白，這是中國文化傳統來的。後來佛經從印度翻譯過來，也採用了黑白兩個，把一切善業叫白業，惡業叫做黑業。還有佛教講白月是講上半月，黑月是講下半月，這個也要知道。

白有時候是代表陽性的、乾淨的，黑代表純陰的。但是你要知道，不要一定討厭黑的！陰的力量跟陽的力量是一樣的大，而且陰的需要也跟陽的一樣大。太空的黑洞，什麼東西一進這個黑洞就完了，裏頭不曉得是怎麼一回事，科學家現在沒有答案，正在研究。我們是隨便講的，不要信以為真。道家的原理講，太空中當然有這些黑洞，這是「至陰之精」，它的功能幾乎比太陽還要厲害，太陽能是放射的，它是吸收的。這個宇宙的功能，以道家、《易經》的道理看起來，是可以解釋的，不過科學並不是這樣講。

這是講黑白兩個字，大家修道學佛打坐，閉著眼睛裏面黑的，全體都是純陰境界，哪裏有個至陽呢？連一個小陽都養不出來，都是五陰蓋起來的。真到達得定以後，內外光明，白日境界來了。所以他這裏告訴我們，根據「知白」而「守黑」，你要想到光明是從陰中來，陰極就陽生，你也不要厭惡陰，它兩個一樣。所以修純陰、純陽都能成道，就是「知白守黑，神明自來」這一句話。我們大家學佛打坐，也不要求啊！剛剛跟朋友談，也不想成仙，也不想成佛，就是休息。祖師告訴我們：「上德無為，不以察求」，你求不來的。那麼道怎麼來呢？我們可以引用孟子的一句話：「學問之道無他，求其放心而已矣」。你放心了，一切放心，放下來，就會有個答案給你。魏伯陽祖師講的，只要你得定，「神明自來」，這就是後來禪門裏頭的一句老話：「久坐必有禪」。其實久坐不一定有禪，但是這一句話也通啊，只要能「知白守黑」，自然「神明自來」。

「白者金精」，這是中國文化的五行之學，陰陽家的學問。白屬於金，金屬於西方。金並不一定指我們戴的金戒指這個金，是一個代號，代表堅固之性，等於佛家的地、水、火、風，也是個代號。堅固之性謂之金，有時候道家就用這個金字代表「性」。因為這個「性」是顛撲不破，不生不滅，不垢不淨，不增不減，所以形容它是「金剛」。白是「金精」，金精也是西方之精也。

「黑者水基」，黑代表水，水屬於北方。五行中的水並不是這個水，液體有昇華力量的就是水。這個我也給大家講過的，人類的文化，都認為這個地球開始什麼東西都沒有，就是一個液體在轉。佛學也講到，說一個氣流，轉了二十劫數。拿有為的時間來計算，不曉得幾百千萬年，轉轉轉，轉到最後，水凍攏來，凸出的是高山，低窪的是海洋，地球就形成了。也不曉得經過幾百千萬年，都沒有人類。

人類的來源，各有各的說法。基督教、天主教說是上帝造的，這是一種說法。佛學講是光音天來的人種，光音天的天人都會飛，不吃東西，一身都帶光。他們到這個星球上玩，看到風景美麗，又吃了東西，佛經叫「地肥」。當然不是肥料，開始吃一點點，後來每一次飛來就吃，吃久了以後這個身體重了，飛不起來，有些就流落在這裏，男女成婚，也不是上了毒蛇蘋果的當，而是一陰一陽自然成婚啦！這是人種的來源。但是再進一步說，光音天的人種又是哪裏來的呢？佛教還有解答，從上界下來。如果把佛學講人種的來源，把達爾文的《進化論》，同各個宗教的說法綜合攏來，就是一本大書，絕對很叫座。可惜你們年輕的人學識不夠，寫博士論文到處找題目，好東西也不曉得，《大藏經》中多得是。

講宇宙的來源，中國的說法是水開始。所以《易經》的數理河圖洛書裏，「天一生水，地六成之」，也同希臘、埃及、印度同樣的說法，認為生命的功能，第一樣來的是水，所謂一種凍攏來的液體。那麼我們現在想到了，人的生命所依靠的精蟲卵臟，也是液體，宇宙萬有都是這個液體，反正一個生命有的，都是軟性的。老化了，死亡了，就變成硬性的，硬性的就顯示水份沒有了。

所以「水者道樞，其數名一」，生命的開始，第一個來的是水。「陰陽之始，元含黃芽」，所以修道打坐注重津液，口水。老年人口乾，早晨起來嘴裏發苦、發乾。不管年輕老年，真正修道的人口水不苦，是甜的；但是有一種口水太甜了，那是病！趕快找醫生化驗吧！津液之甜，有清香，乃至清涼，就是〈百字銘〉裏頭說的：「白雲朝頂上，甘露灑須彌」。也就是密宗的「甘露灌頂」，講穿了是一回事。所以你們學密的要搞清楚東方文化，我現在大概公開了十分之三啦，其實我就算全部都公開，你們也修不成。

第三十三講

光明來自黑暗

我們上次讀朱雲陽祖師註解，他講坎離兩竅互用的方法，我們再補充一點說明。所謂「兩竅互用」就是在方法上，有為無為的原理，也就是〈百字銘〉中，所謂「養氣忘言守，降心為不為」。「為」是看起來在做工夫，「不為」是不做工夫的工夫。

現在碰到的問題是「知白守黑，神明自來」，知道那個本來白淨的，在用功的時候，閉眼卻是黑漆一團。雖如此，但是不要去求光明，不要另修光明法，因為黑久了以後，陰極陽生，自性光明出現，「神明自來」。所以不是你有意去找一個光明出來，而是陰極自然就陽生了。

「白者金精，黑者水基」，這又包括好幾層的意思。道家的這些名稱術語，代表的意義太多了，所以我們不大容易搞得清楚。講一個白一個黑，中間又加上五行的代表，講一個五行，又有內臟的五行、顏色的五行、方位的五行、有形的五行、無形的五行，好多好多。究竟指那一個，它沒有一個確定的界線，完全依賴自己上下文熟讀，把它貫通了才清楚。以養性方面來講，「白」代表陽，光明清淨，這個自性呈現，那是金炁之精。金代表方位是西方，代表堅固不破的自性，身體內部代表肺。肺是管氣，這個白是氣足神圓，這個時候光明清淨就出現。藏密的修法與道家簡直是一樣的，所謂光明出現是靠氣而來，無念靠神而來。「黑」代表水，水在五行裏是生物之母，黑色是水基，也就是精氣的關係，陰極陽生，氣就發了。所以不要看到黑．陰暗，認為不對，實際上明暗是兩個現象，那個能明能暗的不在明暗上面。一般經典都注重光明，而光明是由黑暗而生，陰極了才生陽。

所以說，「水者道樞」，修道基本道理。「其數名一」，這個數，是根據《易經》「天一生水」來的。「陰陽之始」，所以一陰一陽，一白一黑之間，是先有水，陰極才能夠陽生來的。「元含黃芽」，黃芽出在西北，是沙石上面的植物，無根的，自己會生出來。所以道家拿黃芽來代表道的養成，要靜極了陽生，自己就會出現，像黃芽一樣。這都是中國文化許多東西兜攏來表示的。所以這一段是講兩竅的互用，講原理，是有為法無為法的互用。

金水與修道

「五金之主，北方河車」，這個「五金」就是五行。「五金之主」是來比喻有形的物質，在我們古代金銀銅鐵錫，這個五金之中，金是第一位重要的。究竟五金之主在哪裏？首先我們要了解中國古代的物理科學，它與現代的自然科學是兩個範圍。我們古代曉得五行生剋的道理，譬如我們小時候唸《千字文》，有「金生麗水，玉出崑岡」。《千字文》據說是梁武帝時代周興嗣作的，因為犯錯，梁武帝罰他在一夜之間，寫一千個不同字的文章，結果他一夜完成了。天亮交卷，滿頭頭髮都白了，不只擔心害怕，那真是用盡了腦筋。這一千個字，都不相同，甚至有時候都對起來的。如果這一千個字用熟了，寫文章很好。

現在我常想，我們的國文老師，甚至大學國文教授，能把千字文註解，好好發揚出來，已經學問了不起了。譬如說到「金生麗水，玉出崑岡」這兩句，崑岡指崑崙山脈出玉的地方，江蘇也有個崑岡，所以其他有礦石的地方都可能有玉。黃金生於麗水，「麗」者，就是有白水漂亮之地。這是我們古代地質學了，凡是出金礦的地方雨量特別多，水也多，所以古人講得很簡單，「金生麗水」。在我們中國，產金的地方在西部，所以五行中金屬西方，這也就是中國人的自然科學物理。

西康西藏產金，我們到了金沙江一帶，看到河邊很多老百姓整天都在水裏頭，搖啊搖的淘金，因為「金生麗水」。中國古代講開礦，道理很簡單，是哲學來的。要知道有沒有金礦，先看水多不多，再看在哪個方位，然後羅盤一擺，雖然沒有百發百中，也差不多了。現在地質學家也沒有百發百中的，所以黃金生在水多的地方，是中國古老的科技學說。

「五金之主」，講的還是水基，修道同這句話有什麼關係呢？先從打坐講起，不管是佛家道家密宗顯教，都是以靜為主，靜極了，陰極則陽生。所以打坐久了以後，工夫到了，口水也來了，精氣也發動了。為什麼呢？「五金之主，北方河車」，北方屬水。這個河車是哪裏來？天河，銀河。《千家詩》上有「天階夜色涼如水，坐看牽牛織女星」。像我小的時候，家裏只有我一個孩子，父母很寶貴，夏季晚上一到，在院子裏先鋪好竹床，然後躺在上面仰看星斗。媽媽吃了飯，洗好澡，坐在那裏給我們打扇子，趕蚊子。自己躺在竹床上，臥看牽牛織女星，看到這一條天河，由南到北，偏向西北，很清楚。西北這個地方，就是北斗七星這個地方，牛郎織女隔一條天河相望。所謂「北方河車」，北方是天一生水，天河之水由這個地方開始。

轉河車

現在修道的人有個名稱，任督二脈打通了，打起坐來在轉就叫做轉河車。結果有些老同學搞了幾十年，後來寫信給我，說是火車在轉。我一看是啼笑皆非，現在時代進步了，道家也進步了，變成轉火車了，將來我看要轉太空車了！

河車是什麼？河車是指這個天河！道家到了明末以後，尤其是伍柳派，認為沿著背脊骨上來這個督脈，連起來前面任脈轉，說是轉河車。現在有許多人傳你一個道，打坐吸一口氣，意識從下面提起來，由背上轉到前面，前面再轉下去，轉來轉去，都說自己任督二脈轉通了，在那裏轉河車。現在明白的告訴大家，假定氣脈動了，河車真的轉動，奇經八脈通了，目的是求什麼？道書有兩句話，你要注意：「日月合璧，璇璣停輪」。什麼叫「璇璣」呢？所以看道家的書麻煩，全部是中國文化。先解釋「璇璣」兩個字，那是天體的星辰名稱。古代的天文儀器用玉來做，很貴重，叫「璇璣玉衡」。

天體跟地球永遠在轉，「璇璣」是天體轉動，是北方的北斗七星帶動銀河系統在轉。剛才我們提到古詩，為什麼「天階夜色涼如水」？因為是秋天，才能「坐看牽牛織女星」。春天沒有辦法看，因為銀河會移位的，春天銀河不是南北向，是橫轉來的，每月都不同。我們以前讀中國的古書，只學古文，其實自然科學都在其中。

譬如「璇璣停輪」，停下來不動了，就代表天體北斗七星銀河似乎停擺、定住了。前面也講過「日月合璧」是太陽剛剛東方上來，西方月亮還沒有沉下去，日月兩個對面，我在雲南昆明看過，據說好多年才有一次。

修密宗道家要打通氣脈，最高的是「日月合璧，璇璣停輪」；氣脈打通以後是充滿，充滿了以後身體沒有感覺了，真正忘掉了身體。這與感覺上忘掉身體是兩個情況；一個情況是人死了，離開身體，不再有身體的拖累；另一個是人充滿到極點，就像嬰兒的狀態新生命開始。「璇璣停輪」氣脈通了，新的生命重新開始，「元含黃芽」是另外再生一個生命。所以道家密宗都可以修到身外有身，就是這個道理。這也就是「五金之主，北方河車」

靠「天一生水」來的。

下面更麻煩了，所以看道家的書，代號太多，真是把人迷糊死了。道家素來的戒條是天機不可洩漏，像我這樣亂講，大概就很慘了，反正隨便它吧，我仍然認為，天下的公道不應該保密。而且我發現，你越公開他越不懂；該懂得的人，不管你怎麼保密，他也會懂；不懂的人，你天天在他耳邊叫，他還是不懂。你看報紙上多少廣告，我們在座的人，哪幾位每天看廣告？看都不看，就是這個道理。所以我認為把天下的公道公之於眾人，是替天行道。有這個福氣的人，就會懂就拿走；沒有這個福氣，不但不懂，還會罵你。

其實祕密都是講一個東西，現在它又用「鉛」來做代表，鉛還在五金之外，鉛外面是黑黑的灰色，「故鉛外黑，內懷金華」。鉛要怎麼樣鍛鍊呢？要跟水銀合起來鍛鍊，變成另外一個化學物質，很漂亮，發亮，很光。這是代表我們修道，靜到了極點，外表看不出來，真正自性光明出現在身體的內部。你閉著眼睛看到內外一片光明，那不是太陽光，也不是月亮光，也不是電燈光，而是自性的光明。比那些光還強，是吉祥的，所以叫做祥光普照。這個地方，他就不跟你直接說明，而用上古的物理道理隱蔽起來，所以說「故鉛外黑，內懷金華」。

成道的狂人

「被褐懷玉，外為狂夫」，得道的修行人，到了這個程度要裝瘋子，絕不能表示有道，外面要學濟顛和尚一樣。「被褐」是穿破衣服，出家的和尚們叫做穿衲襖，衲襖就是百衲衣，糞掃衣，這是佛的制度。「糞掃衣」是垃圾堆裏的破布撿來，洗乾淨縫起來穿，這叫衲襖。所以拾得說：

老拙穿衲襖，淡飯腹中飽。補破好遮寒，萬事隨緣了。
有人罵老拙，老拙只說好。有人打老拙，老拙自睡倒。
涕唾在臉上，隨他自乾了。我也省力氣，他也沒煩惱。

者樣波羅蜜，便是妙中寶。若知者消息，何愁道不了。

這個偈子在《禪門日誦》中找到了，你看他多解脫，這個道理就是「被褐懷玉」。所以現在我也老了，給人家寫信懶得用名字，下面簽個「老拙」。唐代禪宗永嘉大師〈證道歌〉也講：「窮釋子，口稱貧」，出家人嘴裏講貧道貧僧，「實是身貧道不貧；貧則身常披縷褐，道則心藏無價珍」，也用這個「褐」字。諸位同學，修道也好，讀書也好，不要光靠思想記，一定要背來，能背來一輩子都有用的。

魏伯陽真人的這句話：「被褐懷玉，外為狂夫」，就是深深告誡我們，修道到這個境界不要炫耀，不要好為人師。像我們沒有道的，只好教書了，亂講沒有關係，只是一個老師。如果你們得了道，千萬不要走這個路子，要「被褐」，這也是孟子的告誡「人之患在好為人師」。其實你們諸位叫我老師，天地良心，我幾時承認諸位是我的學生？我不敢當老師，那是你們的客氣，我從來沒有把自己看成老師，就是這個道理。下面還有麻煩的文字，都是些代號，每一段都是講工夫。

第三十四講

我們現在還是在講這一段「兩竅互用」。再提起大家注意，道家佛家的修持，雖然講的是無為，是最高的標榜，但是用一切方法入手，還是有為的。下面講有為的境界同身心都有關連。

玉液還丹怎麼來

「金為水母，母隱子胎。水為金子，子藏母胞。」在五行裏金生水，故「金為水母」。但是金性在哪裏？在水裏頭找到，故說「母隱子胎」。這裏金代表「性」，屬於自性的光明。這個清淨光明之性，從哪裏來的呢？自性光明之性來自精足，是身體上有形之精的精神，所以要營養以充實身體。明朝以後的道家，尤其是伍柳派以後，主張煉精化氣，煉氣化神。所謂神，屬於金性了，是氣跟神之間，要精滿了它才出現。精神不飽滿，自性光明出不來，所以「金為水母，母隱子胎。水為金子，子藏母胞」。相反的，如果不養性，雜念妄想很多，身體上的自性本來會「天一生水」的，現在也辦不到，津液也出不來；只有養靜到極點，津液自然就發生了。津液發生，上下都有，上面的津液屬於水，腦下垂體下降的，就是口水。

在道家口水還分兩個層次，一種是「玉液還丹」，另一種是「金液還丹」，兩者層次不同。在道家的古書上叫做「玉液瓊漿」，都是自己生命裏頭本有的。這個東西如何來呢？就是要靠自己養靜到極點，接近於自性清淨時，水性才會出現，所以金水的關係就是「性」跟「命」的關係。上面是腦下垂體的津液，下面就是我們人欲的根芽。當它剛剛在發動時，不加上男女之間性的欲念，才是真正的自淨之水。

所以這一段是互為因果，這個是命根。這個中間有一個東西，有些道書上所說金丹長生不老之道，它的藥是兩樣東西；有時候不講兩樣，只寫了一個「些」字，就是「此二」。我們當年學道的時候很妙，有些老師跟了他好幾個月，磕了好多頭，等到有一天他高興了，寫一個條子給你，上面只有一個「些」字。我說原來「些」就是道，至於「些」是什麼道？也不敢多問。後來再跟久了，他說就是「此二」呀！那「此二」又是什麼東西呢？那又要跟很久了，還不能多問。

慢慢老師高興了，說「此二」者，「神氣二者」而已。那麼「神」跟「氣」怎麼來的呢？就是宋儒的理學家們講，「靜中養出端倪」。真正靜了，慢慢心性清淨，身上的津液自然起來了，是自然來的。密宗就不同，密宗是從印度瑜珈術過來的，硬做的工夫，硬逼上路。那麼這兩種，究竟哪一種高明呢？很難講，正統道家好像原本比較高明，但是到後世，明清以後這個道家，可以說支離破碎，沒有構成系統。密宗的紅教同花教這兩派修持的方法，在有為的方面，比較還能夠保持系統，這是順便介紹。

回轉來講道家的「此二」以外，還有沒有三呢？道理是什麼？「太極函三」。太極者道之體也，太極是個圓圈，我們看看這個圖，一個圓圈中間三點。中國禪宗祖師有時候拿東西出來，也出現了這個，尤其是溈仰宗，溈山仰山這一派，九十六個圓相。佛家解釋的圓相不同，外面一圈，我們如果勉強用哲學的解釋，是道之體也，中間這個代表法、報、化三身。道家呢，中間這三點就是精氣神，「神」是法身，「氣」是報身，「精」是化身，千百萬億化身是這樣來的。這些在佛道兩家，他們認為是千古不傳之密。不過你們將來要當祖師當教主，可不要像我一樣，你這一句話就可以賣錢的，我是這樣亂說不在乎的。為什麼我們講到這裏呢？剛才講「金水相生」，互為因果的道理，這還屬於後天的生命。

若有若無的境界

返回到先天的修持方法，「真人至妙，若有若無。髣髴太淵，乍沉乍浮」，他又提出「真人」，這個名稱是莊子所提的，後世的道家道教把得道的才稱真人。換一句話說，我們這些沒有得道的都是假人。道家另有一個名稱，叫我們這些假人是「行屍走肉」。從這個名稱，看到道家文化的價值觀，一個人必定要修到超凡入聖，人生的價值、目的才算完成，才成真人。不然我們一輩子作人是白作了，是個假人。所以道家對於得道的人，不稱仙也不稱佛，而稱真人。在這裏這個「真人至妙」，代表我們本性自主，能夠為心物一元做主的這個東西。這個東西在哪裏呢？你要怎麼樣明心見性呢？必須要本身修到「金水相生」的境界，也就是修到我們這個四大肉體，內外一片光明。所以「自有源頭活水來」，生生不已了。

這個時候，你要瞭解還有個東西，是能變化的，能知道的。那個東西的代名辭就是真人，人的生命根本。這個是道，在哪裏呢？「若有若無」之間。那個時候你才瞭解，就是佛學講的空。那是無嗎？不對的，它的確有這個東西；你說有嗎？又是無形無相。所以「真人至妙」這個時候出現了，「髣髴太淵」，深不見底像太淵，深淵加個太字，不曉得有多深。這一個境界，佛學道家有相通之處。現在我告訴你一個祕密，在《楞伽經》上出現的，叫做「鉢頭摩深險」，是同樣的觀念。

「乍沉乍浮」，好像有好像沒有，這樣的去形容。後世有些人修道，把這些文句不做深入的理解，當成有形的境象了，把打坐時看到自己坐在這裏的情景，當做就是這個境界。告訴你們，不管你走佛家道家密宗顯教路線，修久了以後，忽然會看到自己在打坐，好像自己在外面看這個肉體似的。你說離開了身體嗎？沒有。如果就認為這個是得道了，嘿！差不多到二號了，是精神分裂的狀況。拿修行原理來說，這是分離境界，離魂的境界。如果懂得這個道理，反而變成好事，因為曉得這個境界神魂是可以分離的。想常常修到這個境界還不容易啊！在座有好幾位青年同學有過的，我說那也沒有什麼，這叫瞎貓撞到死老鼠，偶然一下有的。經常的話，可以修到陰神出竅，但仍非究竟。如果從此修，死後就成為鬼仙，在六道還是屬於鬼道。所以現在有些扶鸞、畫符的，說是濟顛和尚來了，觀音菩薩來了……其實來的都是鬼仙，小事準，大事保險不靈。

這個「真人至妙，若有若無。髣髴太淵，乍沉乍浮」，有些人讀了這些道書，把那一種境界當成自己已經修成功了，身外有身了，這是大錯而特錯。這在道家叫做「左道之流」，不算旁門。不過我經常說，不要看不起人，旁門也是門，左道也是道。旁門是不走正門，走邊門。邊門雖然偷偷摸摸進來，後門也好、廁所進來也好，總歸進到這個房子裏了。左道雖不是正道，是偏道，轉了大半天，總會轉回來的。許多同學東學西學，我都鼓勵他趕快去學，左道旁門給他東轉西轉，把他轉昏了，有一天清醒就回頭。所以這種書，讀到這裏很容易讀錯，特別提醒大家。

若有若無之後如何

正統的道家，「退而分布，各守境隅」，什麼意思呢？你修道到了「金水相生」，氣脈差不多都寧靜下來的境界，那個自性精神出現了，不是有個人影子，而是樣樣靈通了。怎麼樣講法呢？我們還是引用禪宗祖師一句話，百丈禪師說：「靈光獨耀，迥脫根塵」。這個境界要來時，靈光獨耀，不靠肉體；迴脫根塵，不靠六根。那麼同這個肉體的關係呢？「乍沉乍浮」，若有若無之間的相關。這個時候你怎麼做工夫呢？進一步，「退而分布，各守境隅」，你要聽其自然，四大歸四大，各歸本位，五臟六腑的氣脈動也好，不動也好。你要搞清楚，你知道動的那個不屬於氣脈上面，然後氣脈儘管讓它轉。自己呢？「各守境隅」，不管它，氣脈走到哪裏都好。

然後到達什麼境界呢？我在《楞嚴大義今釋》有十幾首詩，最後有兩句：「一笑拋經高臥隱，龍歸滄海虎歸山」，各歸本位，讓它自然。是龍回到海裏，是虎回到山林，這就是「降龍伏虎」了。道家所謂龍，有時候代表血，有時候代表那個心念，思想。我們的妄念變化無常，捉摸不住的，這是龍。虎代表氣，身體健康，欲念衝動了，老虎下山要吃人，很可怕，所以要降龍伏虎。到這個時候要「退而分布，各守境隅」，就是「一笑拋經高臥隱，龍歸滄海虎歸山」，佛學形容這個境界是「如如不動」。

所有東西方哲學研究完了，覺得佛學真高明，「如如不動」四個字，沒有辦法換半個字。我們學佛的看到如如不動，就把他看成死的不動了。不動不叫如如！「如」是好像不動，再加一個如字，好像不動其實還是在動，動而不動，不動而動，所以叫做如如不動，沒有講絕對不動。

這個時候進一步，「採之類白，造之則朱」。在這個境界上，氣脈已經到了家，穩定、充滿了，氣住脈也停了。這個時候，真正的道家採藥的工夫來了。誰去採呢？是我自己這個主人去採，主人者就是靈知知覺之性。這個時候神、氣，元精不能讓它散了，要把它凝聚。這個凝聚的工夫，在佛學是第四禪捨念清淨；在道家是有收藏的意思，有股力量把它吸收回來。佛學叫「攝」，就是把它抓回來，收攝回來，這個就是採的作用，有點內斂的作用。「類白」，慢慢的寧定下來，捨念清淨，這個就是丹了，好像一點靈光。

在密宗呢？到了這個時候，是真正的明點，不是觀想出來的，是自然來的。就是道書上所謂「丹頭一點」來了，點鐵成金，自己身心內外證到了。「造之則朱」，到這個時候要做做工夫了，十月懷胎差不多已經快要過了，到了三年哺乳的階段，修道的人要閉關了，道家叫做「入闤辦道」，完全進入關房。

道家的進入關房難了，要得「法財侶地」。「法」是要有明師指點。「財」是要道糧，你要閉關三年十年不定，雖然可以好幾天不吃飯，但是總要吃。「侶」是招呼你的人很難，不能找普通人，這個人要懂得道，甚至他的道比你高。你在關裏頭到什麼境界他看得出來，不該叫你的時候不叫你，不該動你的時候不動你，這才能夠做道侶。「地」是地點，到了一定境界要密不通風，冷氣是絕對不准許，在關房中有時候是完全像死了一樣，所以修道這一條路很難走。我們這樣吹吹牛的好辦，真修道慢慢鍛煉，「造之則朱」，朱就是紅色，赤色，並不是真變紅。那是說，最後鍛煉成內外有光，形容它像大太陽一樣。

功德圓滿　脱胎換骨

「鍊為表衛，白裏真居」，這個時候叫做「一粒金丹吞入腹」，還不敢說「始知我命不由天」，還不一定。在這個過程中還可能敗道，如果垮掉的話，會一垮到底。所以佛家講要福德資糧，看你有沒有這個福份，有沒有這個善根。福德功德圓滿的話，障礙就少，不然處處障礙。所以真正修道，佛家道家都一樣，到了這一步工夫，你才看出來功德、善根、福報之重要。有善根福報的話，是一路順利成就。譬如釋迦牟尼佛，六年雪山苦行，連五個基本弟子都離開了。他雪山下來，一個人孤伶伶的誰招呼他啊！七天菩提樹下成道，是有福報而成就了，不需要人招呼，否則的話就是困難重重。

到這一段，「鍊為表衛，白裏真居」，這時肉體也脫胎換骨了，連骨頭都換了。根據醫學的道理，一個人每過七年一身血肉都換過了。十二年以後，連骨頭也換了。十二年是一紀，修道的工程也是一樣。所以道家講「百日築基，十月懷胎，三年乳哺，九年面壁」，一共十三年，一路都是順風沒有障礙的話，則脫胎換骨。「白裏真居」，這個白是煉成純陽之體，成為真人。佛教本師釋迦牟尼佛十九歲出家，仍要十二三年才在菩提樹下成道，這個時間是差不多的。這都是呆定的過程時間，所以講修道的路途是很艱難的。

「方圓徑寸，混而相拘」，這有兩重意義。先講第一重，它是代表身體心臟部份方寸之地，中國人形容良心，文學上常講方寸之地。我們小時候過年，經常給鄉下人寫春聯，「但留方寸地，傳與子孫耕」，這就是中國文化的社會教育，教人作好人做好事，心不要壞了。古人有句詩，「當路莫栽荊棘樹」。「當路」是在人生的大路上，少栽一些討厭的刺人的樹；「他年免掛子孫衣」，作人一輩子要心地寬厚，作人不好，後代的子孫受報受罪啊！中國文化講三世因果，父母、自己、子孫。佛家的文化則講個人，前生、現在、來生。兩個文化合起來，就是十字架，都是講因果報應。

「混而相拘」，古人講這個心念思想，在心裏頭陰陽混合，善惡都在這個裏頭。至於第二重的意義，我先說一個狀況：

當年抗戰在大後方重慶，太虛法師的「漢藏教理院」就辦在重慶的北碚。在那裏有個中國古老的銅盤展覽，銅造的兩層，裏頭一灌上水，手這麼一摸，發出那個音樂之好聽呀！還有很多古怪的東西，都是根據道家自然物理所造的。當年德國、美國各國的科學家都來摸過了，想做出來這個東西，就做不出來。那麼我們古代怎麼做出來的？古代的科學都是靠陰陽八卦來的，「方圓徑寸」是根據這個做的。「混而相拘」，所以那個不是銅，是五金混合做的。其中不同金屬各放多少就不知道了，那真妙不可言。今天我們全世界講化學、物理的祖師，中國道家煉丹、煉水銀的應屬第一位。

得了這個有形的器皿，對於修道的人外形有什麼好處呢？有好處，過去我遇到有些道家，手裏或者拿個玉的如意，或者拿個峨嵋山上的風藤，一定做個「方圓徑寸」的連環圈。我問他用的是漢代的還是唐代的尺碼？笑一笑不講，不肯傳，就算磕頭磕死了也不傳。他這個還是小玩意，掛在胸口，後來別人告訴我，這個一戴上，打坐入定快得很。有一個修道的老先生，借給我試過一下，我掛在身上，就坐在他房間，好像是有些不同。不過我曉得，做一個金字塔的帽子戴在頭上也有一樣的效果。問題是那麼小的一個東西，同自然物理，同天地的關係是如何配合的，才能把宇宙的力量吸收來！「方圓徑寸，混而相拘」，這第二層道理我不懂，所以只能告訴諸位不懂，你們去找吧。這也是中國文化科學方面最好的一環，雖然我也找了幾十年，好像他們比我懂得的還少，只好不談。

現在只講內在的心，我們過去形容這個心，同心臟有關連之處。「方圓徑寸」就是心窩子這裏，但不是心臟所在。我們的心臟，每一個人都是偏的，沒有一個人是正的。所以人都是歪心思，因為心臟都是歪的。

脈解心開之後

「先天地生」，這是引用老子的話，「先天地生而不為久，長於上古而不為老」，就是形容這個心，本來不死，就這麼一個東西。「巍巍尊高」，形容它就像上帝的宮闕一樣。「旁有垣闕」，心臟看似一塊，卻是八瓣兒攏來，心脈是八個支流，密宗形容它是八瓣的蓮花。道家形容它有通道，據說得了道的人，心竅就打開了。所以密宗講脈解心開，真悟了道，得了道，心脈九竅也打開了。脈解心開是實有其事，打開的時候「啪」一下！有爆炸的聲音，會嚇死你。如果搞錯了會以為自己真得了心臟病，不懂修道就會修成魔而瘋了；懂了以後無所謂魔，充其量是死。「狀似蓬壺」，它的形狀如蓬壺，心臟這裏像個蓮蓬，像個酒壺一樣。「環匝關閉，四通踟躕」，到這個時候，我們要把心守住，不要動念。講了半天，禪宗最乾脆，就是達摩祖師講的「外息諸緣，內心無喘，心如墻壁，可以入道」。

魏真人用中國傳統的文化來說明這一段，真是費力氣。他要我們「守禦密固，遏絕奸邪」，這個時候任何一個妄念都不准亂動。「曲閣相連，以戒不虞」，心裏頭絕對不能動念。「可以無思，難以愁勞」，如果一動念就走入邪道了。到這個境界，就是第四禪定「捨念清淨」的境界，絕對的清淨，然後再等待另一層次的境界出現。「神炁滿室，莫之能留」，這個時候神炁滿室，身心內又增進一層的神炁。等於化學鍋爐一樣，提煉了又提煉，所謂「九轉還丹」。這個提煉出來之後，神與氣的變化就不同了，頂門開了，不是密宗拿根草亂插，硬把你頭皮刺破了插進去。真正的道家工夫修到了這裏，「神炁滿室」，頂門開了，「莫之能留」，陽神可以出竅了，留也留不住，內外通了。那時出來的是陽神，不是陰神。但是陽神出竅會亂跑，因為還沒有純熟到家，「守之者昌，失之者亡」，不能讓它亂跑，這個陽神就是修到身外有身了。「動靜休息，常與人俱」，要隨時都在身邊，這就是身外有身。

第三十五講

明辨邪正章第八

是非歷臟法，內觀有所思。履罡步斗宿，六甲次日辰。陰道厭九一，濁亂弄元胞。食氣鳴腸胃，吐正吸外邪。晝夜不臥寐，晦朔未嘗休。身體日疲倦，恍惚狀若癡。百脈鼎沸馳，不得清澄居。累土立壇宇，朝暮敬祭祀。鬼物見形象，夢寐感慨之。心歡意喜悅，自謂必延期。遽以夭命死，腐露其形骸。

舉措輒有違，悖逆失樞機。諸術甚眾多，千條有萬餘。前卻違黃老，曲折戾九都。明者省厥旨，曠然知所由。

正道　邪道

《參同契》這一章是「**明辨邪正**」，在道家的觀念就是說，哪樣是邪道，哪樣才是正道。但是我們要把握一個原則，這是東漢時代的書，應該說快到三國時代了。道家經常有一句話，「旁門八百，左道三千」，就是說有三千八百條岔路，這些都是道，究竟哪樣是正道很難認得清楚的。不過《參同契》提了好幾個大原則。到了魏晉時代，有一部道書《抱朴子》，作者葛洪，也是道家所謂神仙的人物。《抱朴子》所記錄的這些旁門左道，比《參同契》所羅列的更多，具體的說，是神話特別多。像我們常聽人講，道家有個師父八百歲了，那個人修道到什麼程度了等等。佛家道家每個宗教都有這一套，那個人看到過上帝啦，那個人碰到過聖母啦，結果事出有因，查無實據。像《抱朴子》裏說到，有一個修道的人，年紀很大，人家問他多大歲數他已經不記得了，只記得孔子還是幼兒的時候，他還摸過孔子的頭，說你將來可以成聖人。

宗教界的修道者都標榜自己是正道，別人都是錯的，好像中國的文人千古相輕，文章都是自己的好。這個裏頭還有個笑話，不妨說一下古人的一首詩：

天下文章在三江　三江文章在我鄉
我鄉文章屬舍弟　舍弟跟我學文章

「天下文章在三江」，這個三江指浙江、江蘇、江西，江南一帶。「三江文章在我鄉，我鄉文章屬舍弟，舍弟跟我學文章」，結果還是他全世界第一。講來講去人都是自己第一。以我人生的經驗，把這句話多加了幾句，「文人千古相輕，宗教千古相嫉」，搞宗教的不管學佛學道，互相妒嫉，甚至可以說這個嫉字用得還是太輕，應該說千古相仇還差不多，彼此都是冤家。宗教界以及江湖上，打拳賣膏藥的，做官的，你恨我我恨你，這是人類的弱點。

現在比古人更嚴重，譬如修道學佛，十幾年前，我在日本一看，這些新興的佛呀道啊，什麼創價學會，現在已經變成政黨，有很多門派；基督教、天主教等等新興的門派也有幾百種。第二次世界大戰以後，各種新興的宗教，都是自稱接近上帝接近佛接近道，自己才是正派的，這充份反映人類文化的低落，與時代的混亂。我常說，這個時代有兩個東西發達，一是娛樂事業，人人要求刺激娛樂；一是宗教的發展。我們過去走在街上，這面一看是天主堂，對面是「綠燈戶」，兩個遙遙相對，這是很正常的現象。怎麼叫做正常呢？人，真正有智慧，在人生的路上走一條正路的，都不大多。我常常跟朋友說笑話，我們行將就木，快要躺進那個木頭匣子裏頭去了，但是你老哥同我，人生觀都沒有確定，這樣不是很悲哀嗎？噯！還是講回本文吧，本書的作者在東漢那個時代，當時已經開始有那麼多方法，那麼多的道門了。

導引法　祝由科

我們現在開始講「是非歷臟法，內觀有所思」，這個是講什麼？後世叫「導引」，道家學問也有一個吐納。所謂「導引」的方法很多，它的原文是「是非歷臟法」，是漢代文章的寫法。哪個是「對」的？哪個是錯的？各有各的主張。這一派「導引」的方法，在我們中國古代修道很早就用了，是出於醫學，像《黃帝內經》包括了〈靈樞〉〈素問〉兩部份，裏頭就有導引的道理。導引就是拿意識來觀想，把人體內部的奇經八脈、任督二脈打通。譬如這裏發動啦，現在走到那一關啦，走到背上，走到頂上啦，怎麼轉河車下來啦，這都屬於意識導引。

另外還有類同導引的，就是祝由科，現在很少了，過去有，現在勉強叫做精神治療，是不是精神治療能夠概括，還不敢斷定。祝由科治病是唸咒子畫符，有時畫符還不要紙，就是這兩指頭這麼一畫，唸個咒子，禱告一下，他就好了。實際上我還有一個法本，是一個修道的朋友年紀大了，他怕流傳不下去，硬塞給我的。我沒有時間搞這一套，但也怕交給人會拿去亂搞，所以到現在也不曉得交給誰好。祝由科修煉到最後，可以對自己祝由，就是對自己畫符唸咒，把身體化了，據說也可以成仙。這一類祝由、導引，在現代醫學都屬於精神治療的範圍，方法多得很。

譬如道家注重用意念煉精化氣，煉氣化神，煉神還虛，打通任督二脈，然後把腑臟搞清楚，這個「歷臟法」就太多了。嚴重地講，修密宗的所謂發動海底，打通頭頂的「梵穴輪」，也都屬於這個範圍。

我們當年到處跑，尋仙訪道，在入峨嵋山時，經過龍門洞，是一個大瀑布下游。溪水中間的岩石上，有個和尚蓋起房子來，我們進山都去看看他。有一天去時看到一個老和尚，胖胖的，肚子大得很滑稽，就像一個大南瓜。當家的和尚跟我說，老和尚也是浙江人，我跟他一談，發現他氣功真好。他表演一個工夫，他的姿勢像鵝，他鼻子「嗡」吸氣，後面屁股一翹，就「噗」放個屁，兩頭通的。每翹一下就放一個屁，假設練一百下就放一百個屁。看他動作快得很，連珠砲發「嗶嗶噗噗」，但是沒有臭氣。他七八天才吃一次飯，平常喝喝水，吃的就是這個氣。他八十幾歲了，雖然那麼胖，爬山爬得很快，健步如飛。你不要看這個簡單，練起來還真麻煩。可是他這個姿勢，看似八段錦又不像八段錦，多少年來我沒有看見過別人做這個工夫，這也是「是非歷臟法」的一種。他那個姿勢是練腰最好的工夫，的確是運動帶脈很好的動作。因為奇經八脈這個帶脈很不容易運動到，帶脈是圍在腰部的，尤其女性的生命，帶脈很重要。這是第一個動作，下面還有好幾套。

這個人不打坐，也沒有看見他練工夫，也許他祕密的在練。他白天就替廟子和尚做裁縫。他原來也不是做裁縫的，問他怎麼做起裁縫來了，他說一個人修道，時間那麼長，拿個針來縫縫罷了，這就是道啊！「這就是道」這一句話，讓我很注意他。道家有句話，「縫掖工夫」，一針一針縫出來的工夫。後來我跟他深談，他說，做給你看的不過是導引裏頭的一套，真正的道還不在這裡。所謂「縫掖工夫」，身心兩方面要把它兜攏來。普通人的思想情緒跟這個肉身是分開的，如何把它縫掖攏來？一針一線這就是工夫啦！很細密。他那麼大歲數，做針線活不用戴眼鏡的！慢慢地，很安詳地，坐在那兒縫。我說，我懂了，你不是縫衣服，你根本就在修道，鍛鍊身心！他就笑笑，一邊縫，把線這麼一拉，在我前面拿個指頭比一下說，你對！你懂啦。

真正修道的人，不會裝模作樣，不是非要避到山林中用功修道不可，他過著普通人的生活，正常生活中都可以練習修道的法門。還有以前給諸位報告過的，我在重慶看到全家人都彎成一個球，在房間裏滾來滾去，還是盤著腿滾的，這也是「是非歷臟法」之一。你不管人家是不是道，那是真工夫，值得磕個頭。給人祝壽常畫白鶴跟鷺來表示，據說白鶴睡覺時，鼻子一定插到尾巴這裏，是自己本身的呼吸循環，據說鷺也是如此，那我沒有看過。這些東西，你說它是道嘛，不是道，但是效果有沒有？有。

旁門左道也不錯

不但道家如此，佛家《楞嚴經》上講五十種陰魔，包括了他的小乘弟子聲聞緣覺，沒有證到大乘境界，都是外道。但是他另外講到十種仙，他只說仙道，沒有講他是魔或者是外道。照佛的觀念，練氣這一派屬於「導引」，每一個都會長壽，你們翻開《楞嚴經》看了就知道，可以「壽千萬歲」，所以《楞嚴經》有很多祕密。這十種仙，有一種是祝由科，畫符唸咒的，有的也可以達到長壽。另有吃藥的，道家所謂「外金丹」，吃丹藥把身體改變過來也可以練到長壽。這些雖然練成長壽，但不得正覺，沒有大徹大悟，就淪為仙道了。

諸位讀書要留意，不要被佛經騙過去了。佛都告訴你老實話，假設一個人做工夫，練成活到一千歲一萬歲，若得正覺大徹大悟了，那就不叫做仙道，就成佛了。佛沒有騙你，他反過來的意思已經告訴你了，這些都是入道的方法。所以常有朋友罵別人旁門左道，我看不慣的時候也講幾句，旁門左道也是道，不過多轉幾圈而已。你走的也不一定是大道啊，這是很難講的。「處處綠楊堪繫馬，家家有路到長安」，這首詩，每次我都把原文搬出來，因為多年來被人改成家家有路通羅馬，不像話！這是唐人的古詩，與羅馬無關，修道也是這樣道理。

我常講，光靠鼻子嘴巴的氣功呼吸練功法，據我的統計有兩百六十多種，這都是修的「歷臟法」。「內觀有所思」是修觀想的，不修呼吸，而是神氣下照，照到心肝脾肺腎，或者是照任督兩脈，能把它照通。密宗也有這一套。現在修道打坐的，什麼煉精化氣，把氣從後三關再到前三關通下來，這個「前三三後三三」，打通任督兩脈，接著奇經八脈都打通，都可以用觀。可是你很難有恆心把它練好，這些修道的方法，都是靠精神專注。像內照形軀內觀，有時候是有個思想在作用，思想意識的作用並不是道。因為有一念思想、還有感覺的，就不是道。這不是我講的啊！是這個道家千古丹經的祖師爺講的。不過他的話也沒有那麼嚴重，「是非歷臟法」，其中有是有非，有對有不對，對的都是很好的助道。佛家把這些都叫做「助道品」，雖然不是道，不是最高的目的，可是它可以幫忙你達到最高的目的。在我的觀念，認為這些都應該知道，管它外道魔道邪道，要知而不用，能而不用，那就對了。亂批評他是迷信，他不對的地方在哪裏你也不知道。「是非歷臟法」不外一個原則：「內觀有所思」。

拜北斗與奇門

「履罡步斗宿，六甲次日辰」，這個道家的修煉方法，現在很少有人用啦，我們看到鄉下那些道士「步罡踏斗」，是道家專門的名辭。這個「罡」字是四下面一個「正」，魁罡之罡。我們普通走路是兩腳交替，那個道士不是，他一腳踏出去走直，第二步併攏再踏出一步，就是「踏罡」走法。踏罡還有走四方步的形式，這個步法是老祖宗方袍大袖，朝見天子時的步伐。實際上所謂「步罡」，就是正步走，但不是部隊的正步走。你看京戲，那個鞋子下面墊白底的所謂官靴，比現在皮鞋底子厚得多，又平，很難走啊！要踏得好不能失禮。所以以前考取了進士並不是馬上可以做官的，需要經過「入伍」訓練，到「禮部」去習禮三個月，才曉得怎麼穿衣服，怎麼上朝走路，怎麼朝見，怎麼跪拜。不是說進士考取了就會了，不行的！老土還是不能上朝的。這個「步罡」就叫「履罡」。

「履罡」是幹什麼呢？「拜斗」，我研究發現，這至少是秦漢時代拜北斗七星的一個方法，拜別的星方法不同，所以要曉得天文星座的畫法，還要曉得它所代表天上神的名字。大家看過《三國演義》，諸葛亮在五丈原快死的時候「拜斗」，只差一天，就可以成功再活下去了，結果被魏延衝進來踢掉了一盞燈。諸葛亮說，完了！沒有辦法，命也！那麼這些道家的方法，道教裏頭有，佛家密宗裏也有。究竟是密宗學道家的？還是道家學密宗的？搞不清啦。道家不單有這個法子，還有拜閻王求不死的法子。跟閻王打交道，先送好紅包，拉好關係，大概閻王會馬馬虎虎，在賬簿上故意漏掉，慢一點去找你。所以「履罡步斗宿」，修練起來每一個法子都很麻煩，要有壇場，要一個固定的儀式，這也是屬於道門。

「六甲次日辰」又不同，「六甲」是根據十個天干配十二個地支，「甲子、乙丑……」，十個天干配完了，這是一甲。第二輪由甲寅開始，所以共有六個甲，叫六十花甲。當然也有六個丁，也有六個戊，每樣都有六個。我們看到小說上，張紫陽這些有道的人，用六丁六甲，就是這個東西。實際上是根據天文來的，這是中國古代天文學一套科學的東西，把它宗教化，變成神奇了。

最近這幾年也很流行，很多青年都會算命，慢慢因為學算命勘地，研究到奇門遁甲。想晚上在房子外面畫上奇門遁甲，然後儘管睡覺，什麼小偷都進不來；就是進來也跑不出去，這個是奇門。大家都自以為學會了那個奇門遁甲術，結果怎麼不靈呢？我說你雖上知天文下通地理，但不會符咒，每一個時辰有一個不同的符咒，哪個時辰擺奇門陣，須用哪個符哪個咒，必須知道才會有效。擺對了陣，人進入像吃了迷幻藥一樣，進入幻覺的境界，看到椅子像是大馬路前邊的一個崖，把你擋住了，轉過來轉過去永遠轉不出來。這屬於催眠法的一種。

可是六甲、六丁、六戊也有算卦的，也有什麼「次日辰」，所以有些道家非常注重「日干」。我也發現最近很多的同學，還有在國外的，非常相信算命，相信時間，這個時間對我有利，那一天對我沒有利，這個方向對我有利沒有利。哎呀，我說你們怎麼那麼迷信！這些玩意我都會，我一輩子都不用。有哪一個方位不好，風水不好，我偏要在那裏，我坐下來了還不是沒有事！一切唯心造！

「陰道厭九一，濁亂弄元胞」，這是講採陰補陽，在女人講是採陽補陰，屬於男女雙修的。街上有賣這些書，大家都是正人君子不看，其實偷偷都在看。據我所瞭解，歷代都是如此，越是說不看，越是偷偷都想看，好奇嘛！等於清朝才子袁枚有一首詩說，不貪未必是清流，嘴裏不談錢，未必是真不要錢。

第三十六講

各種旁門修法

剛才講到「陰道厭九一，濁亂弄元胞」，這是講密宗所教的什麼男女雙修，道家所講的採陽補陰法門等等。現在國內外這一套都很亂，一般又加上性教育的觀念或者性學的研究，越來越亂，這些都屬於外道之流。下來還有「食氣鳴腸胃，吐正吸外邪」，這是講練氣功，現在外面傳的氣功法門很多，最近又加了很多新的門派，都是服氣的、練呼吸的。「吐正吸外邪」是說練氣功的結果，有許多練出毛病的也不少，搞不好反而把正氣吐出去，吸進了外面的邪氣。

有一個常識，我們要特別注意。古人說住山林，晚上陰氣重，門窗都要關好。練吐納氣功的，在樹林多的地方，夜晚不能練，因為樹木晚上放出來的是碳氣，這些都是自然科學原理。

接下去講修苦功的不是道，「晝夜不臥寐，晦朔未嘗休」，剛才講「六甲次日辰」，有人修六丁，有人修六甲，到了那一天不吃飯，而吃淡齋。淡齋是不吃鹽巴，糖也不要，什麼味道都不要。淡齋與練這個苦功一樣，晝夜鍛鍊自己的精神，常坐不臥，禪宗叫「脅不沾席」。

我曾經碰到過一個道家的，不吃飯，偶然看到他從口袋裏拿出丹藥，吃一片就夠了。這個很稀奇啊！我那個時候年輕好奇，非要問清楚不可。結果他就教我了，但是我學會了也不練，因為是吃大便！先要吃四十九天長素，過午不食，最後再要吃七天淡齋，日中一食，與學佛的一樣，最後來一個七天完全不吃。

不吃飯會死人哦！我自己試驗過的，第三到第四天最難受最嚴重，腸子裏頭剩的東西都清理完了，只喝水，那真是一點力氣都沒有。那個時候你準備死好了，不準備死就不要學道啊！就是拿命來試驗。道家有一句話，「若要人不死，必先死個人」，想修到長生不死之藥，要有死都不怕的精神去修煉才能做到。我覺得一般青年人現在學佛學道太精明了，像我們當年是笨兮兮的，你說死就死。所以說餓飯餓不死人，過了第四天到五天，精神就回轉了。我那一次試驗，眼睛看東西，牆壁都可看通了。一個朋友來看到我，他退了好幾步，他說，你現在兩個眼睛像電光一樣，其實我照鏡子看看也很普通嘛，不知道別人的感覺會如此。不過那時頭腦特別清楚，身體又輕靈。但是你要注意啦！要出毛病也在這個時候，這個胃像個布袋那麼蠕動，裏頭空了它自己還在摩擦，搓破了就胃出血，那就糟糕了！你要會用氣把它充滿，使它不會搓到出血。

再說「晝夜不臥寐，晦朔未嘗休」，這就是不睡的意思，每個月初一和月尾更重要，是陰陽天地之交的時候，所以不可以睡覺，要接天地的正氣。子午卯酉，打坐時辰都有一定的。但是這裏說，這些都是旁門，還不是左道。

他現在下一個結論，「身體日疲倦，恍惚狀若癡」，他說搞得身體越來越衰弱，這就不是道了。精神不統一，恍恍惚惚，現在講就是精神有病了，胡思亂想，看見什麼鬼怪呀，像白痴一樣。「百脈鼎沸馳」，精神越來越緊張，氣脈越來越錯亂，表面上看到紅光滿面，實際上血壓上升精神分裂。修無為之道，佛家最高就是空，道家最高是清淨，但是修道人現在卻「不得清澄居」，修道越修越不清淨越不虛無，所以叫做旁門。

「累土立壇宇，朝暮敬祭祀」，這是另外一派了，老實講，包括修密宗都是這樣，到處修壇場。在西藏及印度修壇宇，還要白牛糞來塗牆壁。我說現在水泥那麼發達，為什麼一定用牛糞呀？難道要住在牛棚諸佛菩薩才來嗎？這個在落後的地方可以，因為那裏沒有水泥。不過有個同學想了半天跑來說，老師啊，恐怕印度的牛糞還有殺菌消毒的作用。我說你講的也不錯，不過現在用不著，消毒的藥劑也多，不需要牛糞啦。

五鬼搬運法

這些奇奇怪怪的法門，那多啦，都很迷惑人的。譬如說所謂五鬼搬運法，又譬如說點穴法，你一定想學嘛！對不對？隱身法幹不幹？還有一個法，子彈打不進，你幹不幹？當然幹！每一樣都很誘惑人的。金木水火土五遁法幹不幹？碰到危險，一下從土裏鑽走，土遁了；看到起火啦，馬上就從火光裏頭走了；掉下海去，借水遁就上岸了。譬如修密宗的「穢跡金剛」，就要找被雷打過的桃樹，拿來刻一把劍，弄一顆印。所以想修「穢跡金剛」的條件就辦不到。你說這些都是神話吧？也都是真的！老實講我研究起來還是科學的，同天文、地理、地球物理都有關係，當然不是牽強附會。

五鬼搬運法是怎樣搬運呢？那叫大搬運法，但是我們只是聽見，沒有看見。聽說要修的話，要找五個死人的骷髏頭，最好是年輕人的，老的頭不好，老鬼跑不動，年輕鬼才會跑。然後還要曉得死的時辰和生辰八字，在剛埋葬就把這個骷髏頭偷回來，那真是傷天害理。然後把他的靈魂拘來，不准去投胎，把這五個骷髏頭的靈魂，弄到一個深山雞犬不聞的地方，要修一百天才修得成。如果修了九十九天聽到一聲狗叫，這個法破了，第二次就要修兩百天啦，如果修到一百九十九天半，聽到一聲雞叫也完了，第三次要三百天。

我說去你的！這種事情我怎麼去幹呢？第一偷死人的頭我就不忍心，而且把這個人的靈魂拘來，不准他投胎替我們做事，更不忍心。不過真這樣做，當然有個條件啊！在他做了多少事之後，要使他這個靈魂投生到大富大貴的人家，如果他想變女的，就讓他投胎女的，長得漂亮，還做一品夫人，福祿壽喜都有。或者是修道成道，不然是不行的。因為冤冤相報，那個變過來就是惡鬼，所以你要有這個法力才行。

現在《道藏》裏也有保留，我翻閱過了，重要的那一段就沒有啦，每一個法門都是這樣。譬如《萬法歸宗》，市面上都流行，裏面古里古怪小玩意多得很，但沒有一樣靈的。因為那個鑰匙不放進去，方法雖對卻沒有鑰匙開，所以這一本書看了沒有用。

道家、密宗好多東西聽了都非常誘惑人，所以叫做法術。是法，不是道，這都是旁門。所以講到「累土立壇宇，朝暮敬祭祀」，早上晚上拜拜，道家修的「履罡步斗宿」，每一個時辰要沐浴齋戒去拜，拜到天神下來，這些統統是旁門。

東西方混合的旁門

前幾年，我發現一個朋友在美國印了一部經。這個人是一位大居士，還花了大錢印，印得很祕密。後來我想不起來了，就在《大藏經》裏翻，沒有找到。我這個人有個怪毛病，天下事不知道的，我非要知道不可，等我知道了，就把它丟了。後來我就寫信到美國找來，結果打開一看，不是佛經，是從前大陸上很多尼姑修的法門，實際上是摩尼教的經。摩尼教在唐代時候來過，可以說不是印度教、波斯教，有一點猶太教的味道摻雜進去，也有法術，也有咒語。

你們看過廟子上塑的，荷花葉子上有一個童子，穿紅肚兜的，就是修的荷葉童子，女人修的，所以比丘尼修這個。修成就有神通了，那個荷葉童子永遠跟著，有事就跟你講，過去未來大概知道。不過這個不叫神通，叫依通，依靠別的東西而有的通。這個比修五鬼搬運，修骷髏好多了。這些荷葉童子都是靈鬼修成功的，並不是得了道的。比丘尼修這個法門，要在地下室雞犬不聞處閉關一百天，要修成的時候就要看你的定力。當你在那裏唸經打坐時，就有四五個魔鬼在你前面一站，罵你一頓，非常可怕。如果有定力一點都不怕，告訴這些鬼，你們先頭部隊仙子來過，他們已經低頭聽我指揮了。這不算是道，也是一種法術。

這些都是「朝暮敬祭祀」，我順便提到，因為有許多比丘尼同學在這裏，萬一看到這個經，或者有人修這個法要傳你，就要考慮了，這不是正統的佛法，可是有沒有用處呢？如果化緣，如果做好事，有時候也用，可是要修煉一百天就很難了。

所以他下面說，「鬼物見形象，夢寐感慨之」，鬼神硬現形給你看，做夢也會有靈感。有些人修到耳報神，就是楊柳神，把雷打過的楊柳樹，拿來刻一個三寸小人，修成功以後，這個小人什麼事情都報給你，比那個衛星收的資訊還要準確，就是這一類的旁門左道。

還有一個「默朝上帝」，也是一個法門，這個就很嚴重了，是我們上古就有的。跪在那裏禱告，禱告姿勢同現在西方天主教、基督教的一樣，也有密宗的手印。所以講到人類文化很有意思，天主教禱告也拿一個類似朝笏一樣的東西。朝笏是古代上朝見皇帝手裏拿的，竹板那麼長。古代為什麼上朝用這個呢？你看唱戲那個大臣，見皇帝時端著朝笏，當年沒有筆記本，朝笏後面就是自己記事的。一方面表示恭敬，對皇帝不敢面對，眼睛不斜視，只看到朝笏。實際上向皇帝報告的事情很多，怕忘記了寫在裏頭，是這個作用。道家默朝上帝，拜玉皇大帝的時候，也有用朝笏的。佛教則改了用香斗，像如意一樣這樣拿著，道家也有這個香斗。

所以這些都失傳很可惜啊，那個法國同學，他專門在這裏研究道教，大概把這些資料都收齊了，寫成一部法文書。我們現在講中國文化，這些都是中國文化，但是大家不知道啦。前天有一個人問我，要如何為一位八十幾歲的上將老前輩做壽。我說那嚴重了，禮節繁重。你看「打金枝」那一齣戲裏頭，就是郭子儀做壽所發生的問題，媳婦是公主還不肯來拜壽。壽辰那一天，郭子儀自己先穿上朝服，面北叩首天子，然後拜祖宗，再坐上正位，讓子孫親友們朝拜。當壽翁的，哪怕他活到九十歲，做壽過生日那天，他帶領大家統統跪著，先拜了天地祖宗父母，才轉來坐在那個位置上，受大家的祝壽禮拜。外客來拜壽他趕快避開，要子孫接待，外客只好對這個空位叩頭，子孫要還禮。像這些都是中國文化。多讀書多研究，你就曉得古禮在什麼地方；有的書上也沒有，幸而當年小的時候看到家裏老前輩做壽，影子還看到一點。

脫離正道的修行

「心歡意喜悅，自謂必延期。遽以夭命死，腐露其形骸」，他說修這些旁門左道的人，自己以為在修道，心裏高興得很，認為必定得到啟發，會長生不老了，結果都是突然死掉，遽然夭命。以我所曉得的，幾十年來看到修道學佛的人，或心臟病突發、高血壓，嚴重一點腦神經分裂，都死在這幾種病上。除非禪定工夫很高的，預先曉得自己何時會死，那是很少很少的。其實有些鄉下人，一個大字不認識的愚夫愚婦，規規矩矩念佛的人，那些人倒是善男子善女人，有時候倒還能夠做到預知時至。你們諸位真正想成佛當神仙的，只有一個法門，就是笨、老實、一門深入。

「舉措輒有違，悖逆失樞機」，他說這些旁門左道的行為舉動，是違背正道的，悖逆正路，失掉了中心思想，樞機就是中樞的意思。「諸術甚眾多」，旁門左道的方法太多了，「千條有萬餘」，有一千條一萬種之多。「前卻違黃老」，以道家來講，前面違背了黃帝老子之道，「曲折戾九都」，彎彎曲曲，怪戾乖張，走彎路。「九都」是幽冥九都，是下地獄的路，越走越暗。「明者省厥旨」，高明的人要懂得真正修道的宗旨在哪裏，道究竟怎麼修。「曠然知所由」，先要認識什麼不是道，找一個真正的道，一條清淨的大路，才曉得怎樣去修道。

今天簡單把這一篇報告完了，下一章講伏食，開始魏真人所謂的正道，就是正統道家。伏食是吃一粒長生不老之藥，藥就在我們自己那裏。他告訴我們怎麼樣吃這個長生不老之藥，這個才是「正道」。

第三十七講

伏食是什麼

下面第九章開始至第十五章，都是講「伏食」，後世有些道書把這個伏字，寫成「服」，也對。原始這個伏字，是降伏的意思。我們已經講過「御政」，就是一個原則，說明什麼才是真正的所謂傳統的道家。接著就是「養性」，現在講到「伏食」。拿佛學來比喻伏食，是如何明心見性而得定的道理；在道家來講，伏食就是結丹。所謂金丹，金是個比喻，把顛撲不破的金丹，歸到我們這個身心上來。但是如何能夠證入那個定的境界而結丹呢？研究這一篇比前面的都難，因為一部《易經》一生都研究不完，《老子》《莊子》通了一部就是專家，而《參同契》卻把那麼多的法則合在一起，所以說很不容易。

再說《周易》的學問，前面說過，有理、象、數三部份，而且象數部份更多，包括了陰陽家的學問。陰陽家在諸子百家之中是獨立的一家，包括了五行，金木水火土這些學問。五行的學問看起來很簡單，研究起來很複雜，因為是同古代天文等等配合在一起的。還有五行「納甲」也很麻煩，中國人的算命看風水都要知道的。八卦如何同五行配合，如何同十天干、十二地支配合，把這些相關的綜合攏來叫納甲。這些東西都太專門，那麼多專門的東西，在《參同契》裏頭都要很熟練，所以研究《參同契》，從古以來都是最痛苦的事。古人能夠全通的已經很少，現在是更少。我們在這個時代來研究這個，真的很困難，每一樣東西都要從基本介紹，介紹了大家還不一定記得，也不一定懂得。所以我們現在只有簡化說明，大家先有一點點認識再說吧。

我們先唸一下朱雲陽的註解。他說：「**此章專言伏食，而御政養性，已**

寓其中」，伏食的道理，就像《悟真篇》上的名句：「一粒金丹吞入腹」。「前面御政諸章，但陳一陰一陽法象」，這個宇宙天地一陰一陽的法則，在我們的生命來講就是一性一命。我們的思想精神方面就是性，我們肉體的存在就是命。性命是一體的，就是心物一元的道理。「養性諸章，但指一性一命本體」，這個本體就是本來。

「至於陰陽之配合，性命之交併」，所謂「陰陽之配合」，就是性命雙修。譬如說我們現在沒有經過修煉，性和命是分開的。怎麼叫分開？你思想可以飛到天上去，但身體沒有動。身心本來是一體的，思想應該可以操縱身體，但是無法一致行動，這就是因為性和命是分開的。人求生不容易，而求死也很難，就算不想活在這個世界上了，要想離開這個身體卻走不了。雖然走不了，性跟命這個思想身體不是兩回事，但是有時候身體不好，你心裏不想生病，卻又做不了主！

修道是要把性命配合為一，恢復本來一體的狀態，所以陰陽的配合就是「性命之交併」。「別有妙用存焉」，這個中間有一個很妙的作用。「此伏食之功，所以為金丹，最要關鍵也。」，妙用的關鍵就是「伏食」，把我們先天的性，注入到我們後天的命裏頭來。我們現在不能打成一片，性歸性，命歸命，不能合一，所以這個肉體到了衰敗的時候就要死亡。道家所說的金丹，金是是指一個顛撲不破原本的自性，把它鍛煉成一個實體的東西；把本來是虛無飄渺的變成一個事實，這是金丹最重要的關鍵。

那麼什麼叫伏呢？「伏者，取兩物相制為用」。像我們身體健康了，精神也舒服了，是互相影響的。換一句話說，今天感冒很難過，可是碰到一件高興的事情，心裏非常愉快，感冒也沒有妨礙了，所以是兩方面可以互相制伏，這叫做伏。

金丹與命功

修道的金丹制伏，就是命功的範圍。要注意啊！修煉這個身體叫命功。我們的身體又是什麼？不是肉不是骨，都不是；在佛學來講，這個身體是地水火風四大假合。骨頭堅固的叫地，口水、血液這些液體的屬於水，身體有熱能叫火，有呼吸往來是風。但這都還不是命的作用，真正的命同風有關係，道家佛家共同一個名稱叫「息」。我們學佛的，有人學天台宗打坐，修數息觀，但一般人修數息觀都在數鼻子呼吸的數字，根本不懂息的意義。鼻子的呼吸是屬於風大，真正的息差不多連呼吸都沒有，那個才叫做息。息是生命的根本。這個息，另外換一個名稱，也可以叫炁，但不是呼吸的氣，也不是空間的風。

所以真正的命是炁，炁不來身體就完了！這就是命功啊！這個呼吸一進一出，一陰一陽，是生滅現象。道家所謂恢復胎息，就是去掉後天鼻子的呼吸，恢復到胎兒在娘胎裏頭那個境界，那是接近命功了。性功跟命功的配合，就在這地方，這是伏，「伏者，取兩物相制為用」。

「食者，取兩物相併為一」，這個物不是物質的物，古文所謂物，就是這個東西。把兩個東西合併為一個，等於麵粉跟水揉攏來做成饅頭，就是兩樣的合併為一。「蓋假鉛汞凡藥，巧喻性命真種」，假就是借，借用鉛跟汞，汞就是水銀。水銀的本性流動，一碰到鉛就固定不流動了，這是物理的作用。這個汞，有時候叫做龍，龍汞都是代名辭。龍變化無常，隱現莫測，這就代表我們精神思想方面；鉛有時候以老虎做代表，學佛的人都想念頭清淨，但是思想清淨做不到，除非你的氣伏了，後天的呼吸之氣沒有了，歸到先天的胎息。這個時候念頭不動了，等於汞碰到鉛一樣，所以道家假借鉛汞凡藥來巧喻性和命。性和命兩個要如何配合結丹，這個修持的方法，就叫做性命雙修。

「借鼎爐外象，旁通身心化機」，道家經常講鼎爐，化學的鍋爐。道家是借用鼎爐的外象，解說性命之理，我們的身心就是鼎爐，這個比喻非常好。依道家來看，我們這個肉體生命，就是一個化學鍋爐，不管牛肉、青菜、蘿蔔，什麼山珍海味吃下去被吸收，維持了我們的生命，這叫爐鼎。宇宙是個大化學鍋爐，我們的生命跟宇宙相比，不過是化學鍋爐裏一點小東西而已。

所以這一篇「以有形顯無形」，是以有形表達那個無形的作用。形而上的無形看不見，只好用有形的東西比喻，表達出它的作用。「乃是伏食宗旨」，這個就是伏食的宗旨。「究非燒茅弄火，一切旁門，可得而假借也」，並不是專指煉外丹。道家的外丹，就是藥物化學，叫「燒茅弄火」，他說這一篇不是真的講化學的作用。正統道家認為，化學藥物的鍛煉是道家的一門，並不是那些旁門可以胡亂借用的。現在所講的就是道家的正道，正門，不是講旁門。

我們常提到道家最著名的話，就是「上藥三品，神與氣精」。真正的長生不老之藥只有三味，這個三味不是外藥，不是植物也不是礦物，就是自己本身生命的「精氣神」。但是這三味藥各歸各的本位，它是流散的，你很難把握。要把三味藥鍛煉結合在一起，變成一個就治病了。治什麼病？治死病，你吃了這個藥就不死了。這個藥在哪裏？就在我們身上，就在我們身心性命上面，只看我們如何鍛煉。「藥在爐中，須用真火煅煉」，煉藥不是用凡火，要真火來鍛煉。真火是什麼？「故末篇又云，爐火之事」，這章就是說爐火以及鍛煉的方法。

兩弦合體章第九

火記不虛作，演易以明之。偃月法爐鼎，白虎為熬樞。汞日為流珠，青龍與之俱。舉東以合西，魂魄自相拘。

上弦兌數八，下弦艮亦八。兩弦合其精，乾坤體乃成。二八應一斤，易道正不傾。

現在開始，朱雲陽這位道人把它分段標示了名稱。這一段為「**兩弦合體章第九**」。兩弦是上半月及下半月，太陽和月亮代表了宇宙的現象。宇宙是什麼呢？是時間與空間的名稱。宇宙萬有本體就是這個虛空，這個虛空所呈現的現象，最大的就是太陽月亮。關公那把大刀，刀口像上半月那樣，叫「青龍偃月刀」。

用《易經》和五行來說明，麻煩啦！「**此章，直指金水兩弦之炁**」，這「**兩弦之炁**」，怎麼又是月亮？又是金又是水？道家文化的這個「炁」字，原本中間沒有這一筆，印錯了。「**先分後合，示人以真藥物也。**」他說懂了這個道理，你就懂修道了，用不著另外去亂找。因為道就在自己生命上，真正長生不老之藥物，就在我們生命當中。這是朱雲陽真人的話。

回到本文，「火記不虛作，演易以明之」。《火記》這本書，在四庫全書也找不到，實際上，就是《參同契》。火是生命的火光，是神光，所以叫《火記》。註解中說「火記六百篇」，其實並沒有六百篇，其中另有道理，我們將來再研究。所以這個作者，漢代神仙魏伯陽，也叫「火龍真人」，他著的這一部書，是千古丹經之鼻祖，之後講修神仙之道的，都是根據他這一部書來的。「火記不虛作」，他說這本書不是空洞理論，這個法則「演易以明之」，必須要懂得《易經》理象數這個法則，然後你就明白這是宇宙一個大法則。

青龍白虎　玄武朱雀

「偃月法爐鼎」，偃月剛才介紹過了，十二辟卦那張圖我們常常會用到。前面講過五天是一候，二十四個氣節等。初三月亮出現一點亮光是「偃月」，「法爐鼎」是如何把這個爐生起火來。爐上面有個鍋就是鼎，用來煉丹，這也就是說，初三的月亮這一點亮光，代表陽氣來了。「白虎為熬樞」，為什麼又來個白虎青龍呢？這就是中國陰陽家、道家這一套，它並不是亂七八糟的加，是有道理的加，所以要陰陽五行八卦整個兜攏來，才懂得道家。

我們常常看到道家的圖片，「玄武」是北方，或者用烏龜來代表，「朱雀」是畫一隻鳥代表。為什麼用烏龜、飛鳥、白虎、青龍？這個更麻煩了，牽涉到古天文學。用現代的話講，它把宗教的神話配合了科學的天文。這個不單是我們中國如此，西方也一樣，所以西方天文學所謂獅子星座、天秤星座，也是同樣的道理。如果講到西方的看法，再過一兩年就進入西洋的天文神祕學所謂的寶瓶星座了。在寶瓶星座的時代，人類的思想都喜歡修道、搞神祕學、打坐、畫符唸咒，對修密宗更是特別好奇。所以我們這一代人，尤其青年人都是寶瓶星，等於月光寶盒裏放出來的怪物，這個是時代的氣勢運勢。白虎是在西方，「白虎為熬樞」，煎熬中樞。

「汞日為流珠」，汞日就是太陽，太陽的光明放射，像水銀（汞）一樣流動。這個日代表我們的本性，本來光明清淨的，佛經裏經常用圓明清淨形容這個本性。道家不用這一套，道家就是用太陽代表本性。其實都一樣，密宗和道家差不多，密宗的大日如來毗盧遮那佛，就是代表這個「汞日」。但是這個太陽的光明，像流珠一樣不定，人是把握不住的。

「青龍與之俱，舉東以合西」，青龍在東方，一提到東方就有西方。月亮怎麼發光？因為太陽跟它相對反映，中間有個地球隔開日月。每月的月底月初，月亮的光被地球隔開了，所以月亮無法吸收太陽那個光。初三以後，地球開始偏移，月亮被太陽照到，又反映出來一點光。「魂魄自相拘」，所以月亮的光明叫做「再生魄」，這個靈魂在哪裏？在太陽那裏，因為月亮的光是太陽的反映。等於我們生命的兩個東西，一個魂一個魄。我們身體的活動是魄，魂是精神，這兩個東西怎麼凝聚呢？「自相拘」，是自己合攏來變成一體。這個文字就是這樣，他講了半天，同我們修道打坐有什麼關係也不知道，對不對？

原文下面矮一個字的，是朱雲陽真人的註解，我們應該要研究。我想大家的學問不會超過宋代的朱熹，連朱熹朱夫子也研究了幾十年《參同契》，最後一句話，用台語講：「莫法度」，一點辦法都沒有。他自己承認，對這個學問只好投降，他寫信給學生說，很想修神仙之道，可是沒有辦法。當然也怪他自己不謙虛，不肯找老師。其實跟他同時在福建武夷山的神仙白玉蟾，是道家南宗第七代的祖師。這個故事我們講過的，後世稱白玉蟾是祖師成了道的，不過當時的人是不會相信的，所以朱熹就不肯向他請教，還自己研究《參同契》，化名為空同道人鄒訢。他也寫了一部書，註解《周易參同契》，雖然註了這一部書，他自己也承認沒有搞通，再看朱雲陽的註解，他可是全通了的。

半斤八兩

先看原文：「上弦兌數八，下弦艮亦八。兩弦合其精，乾坤體乃成。二八應一斤，易道正不傾。」這不曉得講的是什麼啊！尤其諸位青年同學，現在天天講中國文化，這就是中國文化，你看怎麼文怎麼化？我們知道一斤十六兩，半斤就是八兩，二八就合一斤，半斤加八兩，合起來就是全啦！所以我們罵人，這個傢伙半斤八兩的，就是只有一半，滿桶水不響，半桶水響叮噹，就是這個樣子罵人的。「二八」，兩個半斤合攏來，就是「性」也半斤，「命」也半斤，合攏來就圓滿成一斤。「易道正不傾」，這樣《易經》這個道理，性命之道才圓滿。

上弦是八個數，我們注意啊，初三的月亮「偃月」，這個大家曉得，晚上在西方看見，加個五天一候，就是初八了。初八晚上月亮是正南方出來，這叫「上弦」，半個燒餅一樣，像古代的拉弓射箭，那個弓平了，所以叫做「上弦」。這個現象拿《易經》來講是兌卦代表，兌上缺（☱）。怎麼叫兌上缺呢？月亮到這個初八的時候上弦平了，一半是亮的，白的上邊是黑暗的。由上個月二十七，到這個月的初三，又到初八，兩候了。這兩個候代表「兌卦」，下面兩爻是陽氣，陽就是光明充滿了，上面黑的是陰氣，所以兌上缺，上面一爻是陰。

文王的後天卦，乾在西北方，坎在北方，艮在東北方，震在東方，巽卦在東南方，離在南方，坤是西南方，兌在西方。那麼這個是講上弦月亮出來，上弦有兌卦的現象，它的數字剛剛一半，就是初八月亮亮了一半，還要等到十五、十六整個才圓了。真正的月亮很圓的時候是十六不是十五，十五還差一點點不夠圓的，你仔細看，十六是真圓。再過八天，到陰曆二十二以後，下半夜看到月亮在東北方出來，上半截是白的，下半截黑了，是艮卦（☶）之象。艮上面那一橫是陽，有亮光，下面是黑了，所以也是半斤。

「兩弦合其精」，上半個月的屬於陽氣，下半月的屬於陰，這個陰中之陽，陽中之陰，兩個八合攏來變成一斤，取其精華，乾坤合體，陰陽合體，性命雙修。一斤是圓滿，所以是「乾坤體乃成」；佛經說法也一樣，所以成了佛叫丈六金身，沒有說丈八金身的。這就是二八十六，「二八應一斤，易道正不傾」的道理。

那麼這個上弦下弦代表什麼呢？精神飽滿的白天，代表上半月的月亮；晚上要睡覺昏迷啦，像下半月的月亮，慢慢走入黑暗了，這是生理方面的作用。心理方面也是，我們的情緒不穩定，永遠不能得到無念清淨圓明，做不到！假使做到了，這個人得了道，就是金丹合一了。譬如我們年輕時候精神旺，這是上半月的月亮，到最旺的時候，就是十五六的月亮，到中年了。「月到十五光明少，人到中年萬事休」，這是古人的詩，太悲觀了啊！現在有人說人生七十剛開始呢！我看，過幾年要八十才開始！其實人到了中年就走下坡了。

這個生命自己拉不拉得回來？照道家的說法性命自己可以控制，你如果懂得這個方法，就可以把自己的生命拉回來，長生不老。當然，一邊做生意發財，一邊搞選舉想當選甚麼委員的，一邊還想要當神仙修行長生不老，那是不可能的！

第三十八講

上弦半斤　下弦八兩

我們這樣的講法，是為了配合一般青年同學，讓他們比較容易瞭解，我想大家聽得很辛苦，我講得也很辛苦啊！因為諸位同學，對中國舊有的文化太沒有基礎了。現在我們把朱雲陽真人的註解唸一下，一邊解釋。

「此節言，兩弦之炁，合而成丹也」，月亮上半月一弦、下半月一弦，叫兩弦。借用月亮這個現象說明我們的身體生命，兩個半圓合起來就成道。我們修道學佛，身心兩面平衡了，不是普通的平衡，是有一個標準的。身體的平衡到達了，呼吸之氣完全停止了，在佛家叫氣住脈停，是禪定之學。禪定不一定是得道，在道家叫做命功，到達氣住脈停，連心臟、脈搏也不跳了，那是命功的成就。這個禪定屬於共法，不但佛家有、道家也有，各家都有。

性功就不同了，性功是念頭，一念不生清淨圓明，這是性功的成就；命功的成就是另一半，這兩個配合一起才叫做合而成丹。比較明白的說法是，生理一半，心理一半。因此正統道家看學佛的，只講心性之學，只是走一半。道家同時也批評後代這些道家的人，只在身體上做工夫，也只是一半，都不行的。

「**自震庚一點偃月，進至一陽**」，震卦（☳）為雷，下面一陽剛剛出生，就是陰曆初三晚上月亮的現象。我們把這個卦畫成圖案，下面就畫一橫白的，粗一點，上面還是黑的，就是月亮剛剛出來的現象，也就是震卦的現象。那為什麼又叫「庚」呢？這要講到「納甲」了，我們學「陰陽納甲」就要背。以前學陰陽很痛苦，「震納庚」，為什麼？納就是歸納，這個「庚」是西方，是金。這句話就是說，每個月初三，月亮剛剛一陽來復（震），偃月，晚上是在西方出現，庚就屬西方，所以「震庚」就是這樣來的。

「便屬上弦之兌，其卦氣納丁」，到了兌卦的時候是初八了，月亮下面一半白得發亮，這個一半亮的半個燒餅一樣的月亮，出現在正南，南方屬丙丁火，它的納甲是丁，這卦氣是「納丁」。這是講人從地面上，不用天文儀器，用肉眼看得到的太陽月亮的現象。這在《易經》有個名稱叫做「大象」，很大一個現象掛在那裏給你看。你懂了這個現象就懂得宇宙的法則，太陽系統的法則，也懂得我們生命中生理同心理的法則。這裏不是光用代號，這個中間為什麼西方庚辛，南方為什麼叫丙丁，都有它的理由。進一步就很麻煩了，牽扯天干地支，講完起碼半年。就是介紹完了，你懂不懂得進去還是個問題。

「此時水中胎金，魄中魂半，所謂上弦金半斤也。」又碰到問題了，什麼是「水中胎金」呢？金是西方庚辛金，金性在道家說來，有時是代表佛家所謂明心見性，本性的性。為什麼叫水中的胎金呢？月尾二十八以後這五天沒有月亮，黑的；在方位上，這時月亮是在北方，北方屬水。這個水牽涉的多啦，在《河洛理數》是一套，拿現在科學哲學再解釋就又是一套了。北方屬水，拿五行來講金生水，《河洛理數》講「天一生水」，這個天也可以代表抽象的天，宇宙萬有本有的生命叫做天。天字也是代號，也可以叫做本體，本體是虛無飄渺，不是說它沒有，而是有形成物質的作用。首先是液體出來，所以天一生水。水從哪裏來？金生水，金代表本性，由精神世界變成物理世界的作用，就是液體先出來。

魂魄與心腎

拿人的生命來說，「魄中魂半」，等於睡著時會做夢，睡著時不是死亡，所以魄還在這裏。中國醫書講魄在肺中，肺是呼吸系統，睡著時呼吸連續沒有斷，所以沒有死亡。為什麼會做夢呢？魂跟魄兩個沒有結合在一起，靈魂出竅啦，跟魄不結合。不做夢的時候魂在哪裏？腎管水，腎不只是兩個腰子，包括身體整個的荷爾蒙系統。所以真正睡著，心是火，腎是水，水火相濟就是心腎相交，魂還是在體內，所以不會做夢。當水火不相濟時，魂就離開這個身體。所以我們中國的神話畫人做夢，都是頭頂上出來一個人，外出去玩啦。一般認為這個叫出陰神，實際上是靈魂出竅，拿病理學講很嚴重，輕一點是夢遊症，嚴重一點就是離魂症。離魂症非常少，這一類拿現在的醫學觀念講，同精神分裂有關聯的。這個時候，所謂上弦金半斤，魄中的魂這一半，離開身體了。

再來呢，假定有一個人修道也好，學佛也好，打坐得定了，呼吸也寧靜了，達到氣住脈停，身體什麼奇經八脈、任督二脈已經都通了不在話下。因為身體氣脈通了，這個氣才能夠停住；氣脈如果阻塞不通，就談不到氣住脈停。有時你覺得自己也氣住脈停了，那你大概呼吸系統有了問題，閉塞了一下。有些人傷風鼻子不通，你不能說這個是道啊！就算做到了氣脈通了，也是很寧靜的，開眼閉眼內外有光明的現象出現，甚至於像看見月亮一樣圓圓的，許多人就錯認為是得了道，悟了道。也有人誤認為就是禪宗祖師說的「心月孤懸，光吞萬象」。這個不是的，絕對不是。

這個「**魄中魂半**」，在生命四大安下來，由於生理上的氣住脈停，會反映出來像月亮似的有相光明現象，在道家講這個還是命功，不是真道，而且這個月亮不是真丹。我們現在新名辭，等於這是「體」上的第三重投影，還不是第二重投影。好不好呢？說你有工夫差不多，但這不是道。性功不在這個，不是這個月亮。當你知道自己現在清明，知道身體沒有障礙，知道現在這個境界裏有月亮出來，那麼你就要曉得，再進一步月亮還會變太陽呢。這個清涼的、陰境界的月亮，變成了太陽之後還暖烘烘的呢！這個仍屬於命功四大的變化。

但是你能夠知道清明月亮的境界，與太陽溫暖的境界，你那個能知之性才是性功。佛家所謂，菩提在那一邊不在這一邊，這邊是命功。這是所謂性命雙修之道的大概。唉！我已經講得很吃力了，諸位聽得更吃力，也許越來越迷糊。不過曉得世界上有這麼一個理論，有這麼個知識，這個「**魄中魂半**」只能講到這裏，太難表達了！

「**所謂上弦金半斤也**」，這個金代表性，上弦金算是半斤。「**如顛倒取**

之，**亦可云水半斤**」，如果換一個代號，用陰陽五行做代表，也可以說「**水半斤**」。天一生水，剛才講本性第一步出來的是這個水氣，「**故曰上弦兌數八**」八就是半斤。「**自巽辛一點流珠**」，兌上缺（☱），兌卦代表了上半個月。巽下斷（☴），巽卦是代表了黑，代表下半個月，下半個月怎麼是「**巽辛**」呢？辛也在西方。上半月的月亮，是晚上看見在西方的，下半月是天亮時在西方看見的。「**巽辛一點流珠**」，這個光明流動，「**退到二陰**」是下半個月，「**便屬下弦之艮，其卦氣納丙**」，卦氣正南，丙方。「**此時金中胎水，魂中魄半，所謂下弦水半斤也。**」就是這個道理。我們研究到這裏，我想暫停下來，大家搞不懂，坐在這裏很受罪了。

金返歸性章第十

金入於猛火，色不奪精光。自開闢以來，日月不虧明。金不失其重，日月形如常。金本從月生，朔旦受日符。金返歸其母，月晦日相包。隱藏其匡廓，沉淪于洞虛。金復其故性，威光鼎乃熺。

正統道家理論重點

前面我已經報告的比較明白了，就是代表性和命的兩個境界。為了要把這兩半，也就是八、九這兩章完全瞭解，只好再翻過來一章，看朱雲陽真人把它分章標題的「金返歸性」。我有另外一句話貢獻給大家，你們學佛的也好，修道的也好，在我個人是不分家的；我也什麼都不是，也不學佛，也不修道。不過有一個經驗勸大家，你要真學佛修道也好，學密宗顯教也好，如果正統道家這個理論搞不通，你修也是白修，因為用功所有的過程，你都不知道法則。正統道家的長處是，你懂了這個法則，工夫到了哪一步境界，你就懂得身心會出來一個什麼現象，絕不會走火入魔。小說上寫的走火入魔，就是因為你不懂法則不懂道理，好壞你統統不知道。如果知道的話，就算是壞的現象出現，因為你懂這個法則，也可以把它變成好的。那好的現象出現當然是更好，這是我要貢獻給大家的。

「金入於猛火，色不奪精光」，把黃金丟進猛火裏，本來固體的黃金，經過高溫的化煉變成液體，儘管變成液體，重新凝結了還是黃金，那個亮光仍是一樣。所以金入於猛火，光色不會變，金性是不變的，這是形容我們的本性在生命過程中，乃至佛家所說在六道輪迴中，本性不變。

「自開闢以來，日月不虧明」，這個宇宙的法則也是這樣，自有天地以來，太陽月亮永遠不虧，永遠都是那麼光明。這個太陽月亮的存在，不曉得多少萬億年，還是這個月亮，還是這個太陽。我們以前小的時候迷信，不懂天文，以為日蝕、月蝕是天狗來吃了太陽月亮。不管天狗吃也好，太陽被月亮遮住也好，月亮被地球遮住也好，幾百萬億年來，遮了很多次，毫不妨礙，它的光明永遠不虧減。所以剛才說黃金代表自性，日月的光明也是代表生命的本有的現象，不管怎麼變化，它本性永遠不變。

所以說「金不失其重，日月形如常」，隨便怎麼蒙蔽它，它是不變的。「金本從月生，朔旦受日符」，這個金不是黃金，代表了月亮發光的那個本性，代表初三月亮剛剛從西方出來。「朔旦」，每個月的初一，吸收了太陽的光芒，到初三就呈現出來。「金返歸其母」，真心回到母體。你們學過密宗的，就聽到過一個名辭叫做「子母光明會合」。光明有子光還有母光，如果拿太陽跟月亮的關係來講，月亮的光是太陽光反映來的，那麼月光應該是子光，母光是太陽的光。當然我們不必問太陽怎麼永遠會發光，那是另外一個問題，那個問題可大啦！能使太陽發光的後面還有東西，道家也不討論這個，道書到這裏，乃至佛經到這裏，都不說了，為什麼？因為那是佛菩薩的境界，神仙境界。你成了神仙，成了菩薩以後，是另外一個世界的學問，那個時候你才懂。「金返歸其母」就是金性返歸母性的光明。

認識三種現象

「月晦日相包」，朔是月初，晦是月尾，每月的月尾晦暗，「日相包」，月亮整個黑暗，被太陽陽氣包藏了。「隱藏其匡廓，沉淪于洞虛」，月亮這個時候在北方完全沉淪，北方就是水，空空洞洞的什麼都沒有。「金復其故性，威光鼎乃熺」，從月尾晦暗，七日來復，就恢復光明了。西方基督教文化第七天是星期日休息，也是來復日。所以「金復其故性」的威力，它的光明，等於金子在爐鼎中重新鍛煉，所發的亮光更大。

這幾段如果要詳細的講，要從《易經》的象數重新來過，五行也都要介紹，所以現在不詳細講。再說到你們打坐，坐到什麼都不知道，這是不對的哦！什麼都不知道有三個現象，一是「無想定」，一般人做不到，佛家認為是外道，不過這個外道是很高的。另外一個是「昏沉」現象，我們睡眠不是無想，睡眠是個現象，是大昏沉。尤其大熱天睡覺，睡得一點都不舒服，總覺得沒有力氣很疲倦。為什麼？因為外氣熱，熱得你昏昏沉沉的想睡，實際上都沒有睡著，迷迷糊糊的，很多的幻想，很多的夢境，腦子沒有完全休息，這種情形叫昏沉。

有時候我們靜坐會有細的昏沉，打坐最怕的是昏沉，把無想當成是道就錯了，把細昏沉當成是靜坐是道也錯了，都是很大的錯。但是有時候不是昏沉，你當成昏沉也錯了。不是昏沉是什麼？就是這句話，「金復其故性」，這是第三個現象。這是說有時候你念頭比較清淨，坐起來什麼都不知道，不是睡眠也不是昏沉。所以要懂道家的法則，那比密宗比佛家都講得清楚，這個時候要認得清楚是「金復其故性」，是我們後天的思想妄念停止了，這個心歸到性的方面去了。等於月尾的月亮沉到北方去了，「沉淪于洞虛」，什麼都不知道了。這個時候你不要當成昏沉，應該讓它繼續下去，隨便多少時間都讓它去，乃至七天七夜都沒有關係。等到「金復其故性」的境界久了，「威光鼎乃熺」，再回轉來一念不生，則有相光明出來如太陽一樣，威光內外。光明是威光赫赫這個境界，是性命雙修的真正第一步，可以結丹的現象。我們現在直接這樣講，講得很明白。

我們跳過三頁，現在翻到朱雲陽祖師做的總結。「此章直指金性」，金是代名辭，直接指出來我們的本性「為造化之根，生身之本」生命的本性，為一切生命造化的根本，也就是父母結合生出我們肉體生命的根本。

人的五行之氣

「造化之奧，全在河圖」，這是宇宙造化的奧祕，「水為五行開先」，拿五行來講，先講北方天一生水。「故天一即生水，沿而下之，水生木，木生火，火生土」，就形成了地球萬有。「到土方纔生金，金獨處其最後」，五行水、木、火、土、金，金是最後。「而金五行之氣」，生生不已，一路發生，永遠發展下去。所以生命的發展，「是造化以金為要終也」，金是最後。所以金是本性是結果。

「土為五行殿後，故天五纔生土，遡而上之，生土者火」，天五才生土，土從哪裏來？火生土。「生火者木，生木者水」，水從哪裏來？「水卻從金而生」，從金生的。「金復處其最先，而闢五行之源，是造化又以金為原始也」，金又成為五行的開始。因此道家從這個五行，一來一往一生一剋的變化，拿金做為人本性的代名辭開始。「此終則有始之妙也。金在吾身，即屬先天祖性」，有始有終的金的作用，就代表了先天祖性。

現在回到我們這個生命來說，金在五行裏代表了我們明心見性這個性，就是祖性。「**父母未生以前，此性圓同太虛**」，父母沒有生我們以前，這個本性本來圓明清淨，在佛家叫做法身。「**迨媾精以後**」，因為陰陽男女，精蟲跟卵臟結合，我們這一點靈光本性，欲念一動，入胎變成了人。「**地水火風，四大假合，而成幻軀**」，四大變成我們現在的身體。可是我們原來的本性在哪裏？「**太虛中一點真性，落于其中，方能立命**」，就在這個身體以內，「**是吾身以金為原始也**」，這個金就代表我們的本性。

「**及乎四大假合之軀，終歸變滅**」，這個身體最後死亡，「**而此金性，獨不與之俱變，萬劫長存**」，但這個本性是長存的，不過沒有成道，沒有回到本來，所以叫做靈魂。死後它又到別處去投胎了，而四大分散裝進棺材埋進泥土，又化成了物質，但是這個靈魂並不與之一起變。「**是吾身又以金為要終也**」，所以我們生命還是這個本性——「金性」最重要。「**此無終無始之妙也**」，所以金代表了本性，不生不滅，無始無終。

本性在我們身上，可是你找不到，我們很可憐就在這一點。不過，禪宗祖師絕不提這一套，但是也有幾個祖師明白的露了一下。雲門祖師說「我有一寶，祕在形山」，就藏在這個身體上，可惜你找不到。臨濟祖師也講，「赤肉團上，有一無位真人，常從汝等面門出入」，人人有位無位真人，天天從面門出入，我們卻抓不住。能夠抓住的話，在這個肉體鍋爐中重新鍛煉一番，肉體同它結合，就變成長生不死之藥，修成功了永遠不生不死。但是你看不見！它散而為氣，聚而成形，在佛家叫做法身、報身、千百萬億化身成就。實際上法身在道家來講就是「神」，報身是「氣」，化身是「精」。精氣神三樣合一，三寶合一就成丹，就成道。這一篇我們也沒有解釋完，借他們兩位祖師的嘴，漏了這個消息。是不是這樣啊？你們諸位去試試看。

第三十九講

由始至終的金

上次提到朱雲陽真人的註解，就是道家觀念，我們這個四大假合的身體，道家與佛家都稱為幻軀、軀殼，就是說這是一間房子，偶然暫用一下罷了。所謂本性，是佛家的用語，道家則說「太虛中一點真性」，形容我們真正的本性，這個性，在陰陽五行之學的代號屬於金，所以叫「金性」。「落于其中，方能立命」，在這個肉體軀殼以內立命，就是由性變成後天這個性命。命就是生命中這個能，這個動力。「是吾身以金為原始也」，這裏給我們解釋，金性是最原始的。在後天來說，我們肉體上的五行，肺部這個呼吸系統，都屬於金。

由生講到死，這個肉體四大假合之軀壞了，死了，自性也離開了身體，此時這個金性堅固不滅，所以萬劫長存，並不跟肉體化掉。那麼這個靈魂究竟變成了什麼呢？這個生命的旋轉，佛家稱為輪迴，分為六道。因其個人的行為思想，產生的因果報應，會進入一個新的軀殼，或變動物，或者變人，不一定。

這裏他不講六道輪迴，只是說明性命之間這個自性，死後離開身體，是不生不滅的「萬劫長存」。以我們身體這個生命來講，以金性為開始，到了這個身體就有性命；當我們的性命結束時，這個性就離開了，就是「又以金為要終也」，所以全始全終都是金。「此無終無始之妙也」，就是佛經所講的不生不滅、不垢不淨、不增不減等等的這個真如自性，成佛之自性，永遠長存的道理。這個不生不滅是講那個自性，不是講這個肉體的東西。

孔子與易經

接下去「昔羲皇作易，剖開太極，劈破天心，最初落下一點，便成乾卦。乾為天，而孔子翼之曰，萬物資始。乾為金，而孔子翼之曰，純粹以精，此萬世盡性至命之準則也。」我們中國文化從上古以來，至春秋戰國以前，儒家、道家、諸子百家都是不分的。這個傳統文化，由孔子整理過，保留下來的本來有六經，有一部《樂經》失傳了，留下的就是五經，五經裏第一部經典是《易經》。我們本來的文字是從圖畫開始的，我們老祖宗到伏羲皇帝這個階段，開始畫八卦，以圖案來表達文化精神，是人文的開始，這個書就是《易經》。所以《易經》可以說是我們文化裏經典的經典，是哲學、科學一切的根源。

從我們的老祖宗開始畫八卦，才有文字的開始。八卦這個圖案是根據宇宙原理畫的，表達宇宙的開始，生命怎麼來的。孔子對《易經》研究幾十年的心得報告叫做《繫傳》，「繫」就是吊掛在上面。他從五十歲起才開始研究易學，上古沒有紙張印刷，是用刀一個字一個字刻在竹片上，叫做竹簡。每一片竹簡打洞，用牛筋穿起，這個牛筋線就是韋。所謂「韋編三絕」，是翻過來翻過去研究，牛筋線都換了三次。下面引用的話，就是孔子研究《易經》，對宇宙和生命道理的解釋。

剛才提到上古時代的字，是在竹片上刻的。竹片就是把毛竹切成兩片，弄掉外面這一層青皮，然後刻字上去，再把竹片烘乾才好保存。烘的時候，竹片的水就滴出來了，這個滴出的水，我們叫做「汗青」，這個名辭代表了歷史，歷史的本子。你們不是都讀過文天祥的詩嗎？「人生自古誰無死，留取丹心照汗青」，就是說把我這個耿耿忠心在歷史上留名。這是順便說明一下。

現在我們回到註解。「昔羲皇作易」，我們的老祖宗伏羲皇帝作《易》，畫八卦，開太極。太極是孔子在《繫傳》裏提到的名稱。這個名稱是設定宇宙原來就是個圓的，這個生命圓圈就叫「無極」。後來我們畫的太極，中間畫兩條魚的樣子，一黑一白，代表一陰一陽，是後來加上的。這個

「無極」，中間沒有黑白，沒有分開，是一個整體。在佛家，得了道，就是生命的清淨那一面，用四個字形容：「清淨圓明」。我們一切眾生，生命沒有回到本來，沒有得道以前，這個圓圈不叫「清淨圓明」，而叫「輪迴」。這個圓圈在轉，我們這個生命跳不出去，永遠受它轉，死了以後也跳不出去，因為你沒有能力跳出去。能跳出去就回旋，就回到太極去了，那就叫成仙成佛，返本還原！他現在就講這個道理。

伏羲一劃分天地

「剖開太極」，我們小的時候讀書，就從這裏讀起。伏羲皇帝一劃分天地，橫的一劃。你查古代的字，部首第一個字是「一」開始。伏羲一劃分天地，一的上面再加一横，下面加一個人，就叫做「天」。所以伏羲一劃「劈破天心」。「羲皇作易，剖開太極」是講宇宙原理，這個宇宙原理，跟我們人的生命原理一樣。這個宇宙的生命心物是一元的，物質、精神是一個東西，一個範疇。後天就分成兩個了，一個精神作用，一個物質作用。這個中間的作用空的，這個空包括物質、精神兩方面的功能。這個東西在我們文化的名稱叫「天心」，在印度佛教叫「真如」、「涅槃」，是心物一元的。

順便給青年同學們介紹儒家的「仁」，人字旁邊一個二。一種解釋是人際的關係，愛人，即所謂「博愛之謂仁」。這個不是原來的仁字觀念，而是後來唐朝韓愈寫〈原道〉的時候提出來的。韓愈本人真正的專長是研究墨子，他拿墨子那個兼愛的精神思想來解釋仁學，所以他講「博愛之謂仁」。孔子以及他的門人曾子、子思，所解釋的仁字並不是如此。韓愈的觀念，不能代表全體中國文化的精神。

也有解釋是仁者仁也。古人這種解釋讓你莫名其妙，但它有個道理，仁是像仁一樣。第二個仁字代表果核，像桃仁、杏仁，每個植物的核仁，就是中心那個東西。你仔細把仁剖開了，都是兩半合攏中間是空的。所以陰陽合攏了，中間是空，這叫「天心」。

佛家講空，空是本性的真性，是像植物核心的仁一樣，也等於現在科學家說電子、原子，分析到最後還是空的。那麼這個空的東西，中國文化過去不走物理的路線，走人文精神的路線，叫它「天心」。他說我們老祖宗從「羲皇作易，剖開太極，劈破天心，最初落下一點，便成乾卦」，這個《易經》的乾卦就是橫線一爻叫「陽爻」，把這一爻切斷成二，叫陰爻，陰的就是對偶的。陰爻代表實質的，陽爻代表空靈的。實際上陰爻分兩半，中間空的，中間這個空就是「天心」，所以陰中有陽，陽中有陰。一個東西出來就是相對的，相對就是兩個。

我們現在畫卦是這樣一筆一筆畫，老實說這是後世人畫卦。幾十年前，我們這裏有名的老朋友董作賓先生，是個考古學家，他告訴我說，《易經》那個卦，在甲骨文上找不到的，沒有根據，很成問題。我說，絕不是假造的，古人畫卦不一定像我們這樣畫。等於現在卜卦的人，嘩啦嘩啦銅錢搖一搖丟下來，陽，他就點一點；陰，點兩點就算。上古人就是這樣畫，有時候畫一條橫的直線就是陽，也可以豎起來，這條直線分上下兩截代表陰，這在甲骨文上就有。《易經》的易字也有，易字上半就是太陽，下半就是月亮，這就證明我們這個文化不是假造的。

朱雲陽真人寫的就很高明，「最初落下一點」，連伏羲畫八卦這句話，也是表示當所謂「天心正運」，本身在不生不滅的境界，忽然動了一念，這一念一動就掉下來，由聖人境界掉進凡夫境界，就由「性」變成「命」。落下一點，這一點妙用就無窮了，這個文章包含的很深奧。古人寫文字很慎重，譬如為什麼男女會生人？也就是落下一點，這一點中了就有生命，開始了另一個生命。所以他這一句話包含很多的意義，也將畫卦的開始加以說明，「最初落下一點，便成乾卦」。伏羲的八八六十四卦，是以乾卦開始的。

易經的三聖

《易經》所有的文字，所謂「易更三聖」，三聖就是文王、周公、孔子。第一個研究《易經》的是文王，文王囚在獄中，在獄中的人雖有憂煩，但思想就走入凝定、專精、修道的境界去了。文王在牢裏著《易經》還是初步的，後來經過他兒子周公解釋，再加上孔子的解釋，這部《易經》就經過三位大聖人整理了。《易經》這一部著作，其實不只經過三個聖人，講起來很多了。因為易共有三部，前面也講過，黃帝時的易叫《歸藏易》，神農氏時的易是《連山易》，我們現在流傳的《周易》，是周文王整理的。另外那兩部大概給項羽燒掉了，我不講秦始皇燒掉，秦始皇是很暴虐，他把全國的圖書集中到中央政府的圖書館去，其它的燒掉。結果到了我們的項羽老兄，一進咸陽，點一把火，三個月統統把它燒光了，所以這個罪過怎麼能算到秦始皇的頭上呢？

其實在我看來三易都沒有丟掉，這「歸藏」和「連山」落在道家的書裏頭去了。譬如我們現在翻開《周易》圖象一看，有太極圖，有八八六十四卦那些圖，原來的《周易》並沒有，這是宋朝以後才出現的，而且是從道家傳出來的。所以說這個文化沒有衰，一代一代傳下來，傳到和尚道士方外去了，方外又傳到道家的祖師陳希夷手中，再傳到邵康節。所以這個法則是從這一邊來的。

周易有十個部份叫「十翼」，翼的意思是輔助，鳥會飛來飛去，必須靠兩個翅膀。《易經》文化的昌盛，就靠這些大聖人們的著作。孔子著十翼，剛才講《繫辭》上下傳是他的註解，《說卦傳》也是他的註解。《易經》附了十樣東西，都是孔子的功勞。

「乾為天」這句話是卦辭，是文王當時寫的。這個卦代表了什麼？他先寫出來，乾卦代表天。這個天，可以說是天文上有形相的天，也是哲學上的本體，人生命的本體，代表我們原來的那個清淨光明本性，形而上形而下都在內。那麼現在這裏講「孔子翼之曰，萬物資始」，就是孔子關於乾卦的研究報告。所謂乾，孔子在〈繫傳〉下了一個結論，「大哉乾元，萬物資始乃統天」。這個乾卦，孔子的研究是代表宇宙萬有的根源，統攝包涵了整個的宇宙，有形相的天體都在這個代號之中。卦就是代號，換句話說，卦也就是漫畫。

孔子玩卦

孔子讀書都很認真，只有研究《易經》是用玩的。他並不叫我們讀《易經》，他說「玩索而有得」，「索」就是探討。我當年研究《易經》，就找了一副麻將牌來，把八卦貼在牌上在那裏玩，隨便翻過來翻過去，又是一個道理，重重無盡。所以他「玩索而有得」，要是死死去讀，那會把人讀死了。

研究道家文化，常常搞不清楚，覺得有些亂講一套。司馬遷在《史記》就批評研究道家的人，言語文字太偏僻，沒有文化水準，所以知識份子看不起。因為大家不肯用心，只曉得修道，以為在身上修煉就會成仙成道，結果沒有用，所以一定要把學理搞清楚。修道是一個科學，把原理公式弄清楚，再進到實驗室去實驗，大概就有十分之八九了。有些修道人說，我不要理論，我只要做功課，做做自己自然會懂了。哎喲！我的媽呀！你不去研究化學理論，隨便抓些油在那裏倒來倒去，當然你也可能發明一樣東西，有時候連人都燒爛了。這又何苦！古人有五千年經驗，我們不去學那個經驗，偏要相信自己亂搞。

孔子關於乾卦的研究報告說，「萬物資始」，他說乾卦所代表的，是宇宙萬物的根根。在宗教家叫做上帝、主宰、神，這是給它一個宗教的模式。《易經》文化以及道家，從來不穿宗教的衣服。大家要搞清楚，道教是後來才起來的。我們舊的文化，有宗教的情操，哲學的精神，科學的方法，但是從來不把這個宇宙萬有的主宰套上什麼三頭六臂，都是從人文這裏而來。所以孔子在這裏，沒有把它叫做主宰。「乾」是「萬物資始」，宇宙萬物必須靠它，由它開始這個生命，這是本性，這是第一，所以「乾為天」。

第二，孔子在《說卦傳》解釋「乾為金」。什麼叫說卦呢？卦拿來用的，也是卜卦用的，萬一卜卦卜到乾卦，乾卦在物質代表黃金，在人文可以代表男性。人去算命時，算命先生問，是乾命還是坤命呀？坤命就是女的，乾命就是男的，現在都不懂了。所謂「乾」，在《說卦傳》裏就代表金、「金性」，因此後世正統的道家，講性命之學，就用金字代表這個本性。

「**乾為金，而孔子翼之曰，純粹以精**」，乾卦就是金，孔子在這裏講的就不是黃金了，他用哲學觀念解釋什麼叫做金，那不是有形的黃金，是「自性」。「純」是像佛家的詩「萬里無雲萬里天」，是明心見性，純粹極點；「粹」是精緻到極點。這個「精」就很難解釋，勉強解釋要看這個中文字，米字旁邊一個青，米殼裏提煉出來最精華的、最純青的東西。譬如我們講「爐火純青」，當火力最強的時候，那個火光不是紅的，不是黃的，而是青的。所以金性，就是剛才我們提過佛學所講的圓明清淨，純粹到極點。

上面我們交代了孔子對這個乾卦的註解。朱雲陽真人說由孔子的解釋，依《易經》的道理，「**此萬世盡性至命之準則也**」。你修道要性命雙修，必須把這個學理弄通。這兩種解釋有兩重意義：孔子第一個解釋，乾為天，萬物靠它來的，就是講形而上。第二個解釋，乾為金，純粹之金，有了它，形而下變成後天生命以後，要再回到先天去，恢復它的金性，這是修道的工夫。所以朱雲陽祖師說，你看孔子、文王告訴我們研究這個，是千秋萬代的「**盡性至命之準則也**」。想把人性和明心見性，以及如何修到金剛不壞之身的大原則弄清楚，必須先要搞懂這個學理。

三教　三身　三清

「釋迦得此，以證丈六之身，故尊之曰金仙」，佛教的釋迦牟尼佛證到了。佛有丈六金身，十六兩為一斤，所以丈六金身是我們普通人兩個身高。這是什麼道理？你看每一個宗教，連耶穌的畫像也是一樣，頭頂有圓光，人體有七種光，現在科學已經證明，都可以照相照出來了。我們兩手伸開，這樣叫一尋，是依個人的尺寸為標準。佛經上常說，圓光一尋，這一圈之內都是我們生命功能。所以打坐真正得到某一種定境的人，離身體七八尺之外已經感覺到了，就是這個功能的原故。

我們這個生命，實際上外面還有一層保護體，等於地球外面有一層有粒電子包圍，這一層很難衝破，所以火箭的力量要很大才衝得過。我們人體外面這個功能也是這麼大，有些人可以練到使這個東西起作用。這個東西，釋迦得此，明心見性了，「故尊之曰金仙」。有些學佛人反對，認為佛教裏佛不叫金仙。事實上，佛教的大經《華嚴經》，就稱佛為金仙，這都是有根據的。修道人裏，佛家罵道家，道家罵佛家，罵來罵去，給讀書人笑話罷了。

清朝有個才子叫鄭板橋，跟袁子才兩個齊名的，他就講過一句話，諷刺互罵，鄭板橋說：「和尚，釋迦之罪人；道士，老子之罪人；秀才，孔子之罪人也。」其實教主們都沒有錯，絕對是這些門徒不行！三教的門徒他一概罵光。這個話，煩的時候看到很痛快！我常常告訴大家，做學問這些要搞清楚，不要有宗教觀念，天地間真理只有一個，每個地方表達的不同，每個人瞭解程度不同。那個東西等於鈔票，不過你賺多一點，我賺少一點而已，用處都一樣，都可以買東西。

「元始得此，以結一黍之珠，故寶之曰金丹」，道家的元始天尊就是把這個「萬物資始」宗教化，人格化。像西方天主教、基督教一樣，把那個主宰人格化。這個元始天尊是誰呢？就是老子，元始天尊一炁化三清。這個一炁化三清怎麼來的？到大陸佛教的大廟一看，大殿上三尊佛一個模樣，代表了法身、報身、化身。一個人得道成功了，一定具備有三個身。法身，清淨無為是法身；報身，相貌莊嚴圓滿由內體現出來；化身，有百千萬億。佛家有三身，道家怎麼辦呢？道家變成宗教後，就把老子變成元始天尊，一炁化三清，就是仿效佛家的三身。三清就是上清、太清、玉清，也就是佛家法、報、化三身。所以我們到道觀一看，上面三個老頭子都是老子，白鬍子白眉毛白頭髮的一模一樣，坐在那兒拿個如意，下面騎著青牛，這是在道家經典上的。佛家的三身下面坐著蓮花。我常說笑，萬一他們碰面，那頭牛要吃掉蓮花的話，他們兩家的主人怎麼辦？

「**元始得此，以結一黍之珠**」，所以他稱元始天尊——等於神、主宰、上帝——像米一樣的這一點靈光從頭頂進去，結成丹了，「**故寶之曰金丹**」。這是道家的話，你們不要搞錯了，看我那麼一指，好像傳了道，就是一點靈光進去了，那麼想就完了，這只是個比喻。道家說這一點叫做「金丹」，實際上你看下面講得很清楚，「金丹」並不是有形的東西。

「**三教根源，同一金性**」，都是講明心見性，見道以後修道，把他凝固起來，同一個原理。「外此」，超過這個以外，「即墮旁蹊曲徑矣！」都是旁門左道。這可不是我說的，這是朱雲陽說的，我只是照本宣科而已，「此學道者，所當細參也」。

這一段非常重要！我們修道的人要仔細研究，所以多費一點時間。不過下面也都是要費時間的東西，我們多參考一下註解會有好處的。

第四十講

嬰兒　奼女　黃婆

下面第十一章的重點是講「伏食」，就是怎麼吃進來，其實並不是真吃一個什麼，而是自己本身的性命之藥。現在第十一章就是講這個道理，叫做「真土造化」。這個「土」用五行來代表，我們現在先把它揭穿了，比較容易瞭解。這個「土」在正統道家是「意土」，講的是這個意，意就是土。這個意，我們現在用得很多，像意識形態、意志等等。我們常常說，你是什麼意思？意跟思想的思配在一起就是意思。意含義很多，佛家的分析很清楚，我們現在能思想、動感情等等，這些作用是第六意識，又叫分別意識，也叫了別的作用。這些只是外層，不是真的。為什麼我們這個心不能定？就是第六意識的了別作用搗鬼之故。這個意有個根，叫意根，在佛學的唯識學上講，就是第七末那識，是生命的根根，也就是俱生我執，與生命同時來的，包括異熟、等流的作用。道家把真土這個名稱也叫做真意，真意不是分別妄想，不是妄想心的意識。

這個陰陽五行之學，有兩句傳統的話，諸如算命、看風水、看相等等都用得著的：「四象五行皆藉土，九宮八卦不離壬」。你們諸位學陰陽，學算命學的，這個很重要。本篇講「伏食」，是靠這個真意，道家的「結丹」要三家會合，這三家比喻是嬰兒姹女，外加一個媒婆（黃婆），即童男童女加上真意，三家結合才能成丹。

很多人讀了弄不清楚，就認為是採陰補陽了。其實黃婆的意思是「中黃真土」，是指真意；嬰兒是比喻那個本性，明心見性的那個性字；姹女是比喻命。性與命，一個屬陰一個屬陽，性命雙修結合。這兩樣東西如何結合呢？要透過真意，如果用思想用妄想心去守竅，有心去入定去求證，那是第六意識作用，沒有用。真意是什麼呢？如如不動，雜念妄想沒有了，也等於禪宗講的「一念不生全體現」，那就是真意境界。在這個一念不生之間，嬰兒姹女就陰陽結合了。所以三家合一才能成丹，就是這個原理。

現在我們已經講完了這一段的大要。但是我們這位祖師爺不是這麼說的，他用蠻複雜的說法，告訴我們很多原理、方法，我們要有智慧才能了解。原文這一章很麻煩。所以學道家的東西，必須要懂得《易經》八卦、陰陽五行、天干地支、奇門遁甲等等都要懂。道家的學說綜羅萬象，也就是這樣來的。下面我們看原文，正式讀天書了。

真土造化章第十一

子午數合三，戊己號稱五。三五既和諧，八石正綱紀。呼吸相含育，停息為夫婦。

黃土金之父，流珠水之子。水以土為鬼，土鎮水不起。朱雀為火精，執平調勝負。水盛火消滅，俱死歸厚土。三性既合會，本性共宗祖。

巨勝尚延年，還丹可入口。金性不敗朽，故為萬物寶。術士伏食之，壽命得長久。土遊于四季，守界定規矩。金砂入五內，霧散若風雨。薰蒸達四肢，顏色悅澤好。髮白皆變黑，齒落還舊所。老翁復壯丁，耆嫗成姹女。改形免世厄，號之曰真人。

水火二用必歸土

「子午數合三」，子為天一所生，午為地二所生，合起來就是三。「戊己號稱五」，戊己就是中央戊己土為天五所生。子午是地支，戊己是天干。「三五既和諧」，三五相加就是八，是八卦。「八石正綱紀」，八石是煉外丹用的，都是毒藥，黃金、白銀、水銀、鉛汞、硫黃都是，五金八石是煉外丹。那麼你說道家煉外丹有沒有道理？絕對有道理！不過現在一般人沒有去研究，實際上，現在也用不著了，因為西藥許多都是礦物提煉的。

譬如過去的殺菌最厲害的西藥六〇六，就是砒霜提煉的。我請研究外丹的人多注意一下西藥的發展，每年新的藥品出來，舊的藥品往往淘汰了，科學的進步是如此。但不管中西藥，用慣就失效了，再用就治不好病了，新藥下去很快就治好病，五金八石，化學藥品也有功勞。

「呼吸相含育，停息為夫婦」，男女結合，彼此的呼吸也配合。「含育」是指收進來孕育，在身體內產生另外一個生命，不要再經過娘胎了。你看這個裏頭包含了多少東西！這就是道家。所以當年我們讀道書，又喜歡又痛苦，又沉迷又好奇。七七八八、三三五五、天干地支、子午卯酉，弄得昏頭脹腦。後來瞭解，人家沒有錯，只是我們看不懂而已。

我們現在把朱雲陽祖師的註解，接著研究一下，多花一點時間，會得到收穫的。「此節言水火二用，必歸於中土也。」先說水，那是身上的元氣，你真定了以後，口水就來了，不是從口腔來，硬是感覺從腦的中心滴下來，那個口水是清香有甜味的，叫做「玉液還丹」，不同層次的還有金液還丹，講過很多次了。當然有些人講話口水都噴出來，那是病態。玉液還丹這個水液從哪裏來？從火而來！你本身下元的真陽之氣上升了，濁氣下降，清氣上升，打通了上部氣脈，腦下垂體的荷爾蒙分泌，才會有玉液還丹的現象。所以打坐頭要正，頭不正會把腦下垂體氣脈壓住，看書也搞得肩膀疼痛，眼睛也近視了。所以我教你們青年人，讀書絕不要低頭。關老爺看兵書，一定把書拿到眼睛高度讀，那怕手累一點還是要這樣讀。讀完了書合上放好，才休息睡覺，絕不會拿本書躺在床上，歪著眼睛去看，那還不變成鬥雞眼，戴上眼鏡嗎！讀書嘛！手要洗乾淨，所以你看我這個手帕，每個桌子上都有，我要讀書以前一定擦手。不管什麼書，書寫出來都很不容易，所以值得尊敬，每本書讀完了都保持乾乾淨淨。書帶到廁所去，這個習慣很有問題，你們要注意一下，這也是代表文化的水準。

人體的荷爾蒙很多種，多從腦下垂體來，對生命很重要，是真正道家所講的精。至於精蟲卵臟的那個精，是次要，如果把它當成煉精化炁那個精，就大錯特錯了。再說火是什麼呢？就是佛家講四加行的「得煖」，密宗叫「拙火」。不能修到得煖，精水就不能下降。修密宗的人，只講拙火的重要，卻不大注意水火既濟水的部份。這個裏頭問題多了，可惜我也沒有辦法開這樣一個學院，真要開這樣一個學院，你們寫論文就不能只靠讀書了，要做工夫才寫得出來。

現在講「**水火二用**」，互相為用，當然是水在上，火在下才對。修道的人，頭腦一定是清涼的。頭腦熱昏了，滿面紅光，就有問題要注意了。虛火在上不能下降，臉帶桃花色，那是病啊！有些修道修得肚子又大，臉又紅，問題很大，很有可能虛火上升。虛火在中醫叫「相火」，所以中醫有時候說「相火遊行」，其中包括很多。相火不是真火，真火是主體的火，是陽火；相火屬於陰火，相火就是發炎。中醫講肝臟的相火遊行，就是肝臟發炎了。

「**水火二用，必歸於中土也**」，中土就是剛才講的真意。一念不生的時候，濁氣下降，清氣上升，頭頂清涼，那個清涼口水下來。清涼到什麼程度？夏天剃了光頭，用溫水頭上一淋，然後風一吹，好舒服啊！連皇帝都不願意當了，佛家講這是輕安以前的現象。這個頭頂清涼，玉液還不能還丹哦！要得煖才行，骨節都軟化了。「**必歸於中土也**」，必須一念不生才能得煖。所以說，道家工夫絕對不簡單的。

「蓋丹道妙用，無過水火」，想修長生不過是「水火妙用，不離戊己」。戊己屬土，也屬中宮，有形的戊己，在中宮就是脾胃，無形的戊己，是一念不生。中宮的氣滿時，你不吃飯沒有關係了，工夫到了，吃了東西也要消化一下，雖然很快可以消化解決，不過總是麻煩。所以「不離戊己」是說中宮的重要。

「大約舉一即兼兩，舉兩即兼三，會三乃歸一」，所以提到佛家的話，一念不生處，一定身心性命歸一。佛家的顯教跟密宗爭吵，密宗認為氣脈要通了才能悟道；淨土、禪宗不談這套氣脈，認為四大假合之身說什麼氣脈！那是外道。我們看到很多法師們的著作，都在罵，像我們這些沒得道的人，看看只好笑笑。大家罵過來罵過去，反正都沒有真得道，得了「罵道」有什麼用呢？結果自己學道都在生病，還著書立說罵別人不對，那不是造業嗎？至少自己少生病也好一點嘛！其實顯密都一樣的，真到了一念不生，一定是氣住脈停；反過來說，能氣住脈停，自然心平氣和，才能到一念不生。心不平，氣不和，精神不充滿，怎麼能夠達到一念不生呢？這是很簡單的道理，不過也要深入進一步說明。

太極函三

「**會三乃歸一**」，中國有句話，是儒道不分家的話，「太極函三∴」。畫個圓圈中間點三點，叫太極函三∴。太極就代表本體，中間三個洞，所以成佛的有三身，道家的有一炁化三清。道家講天上的日、月、星叫三光；人身上的三光是耳、目、心三光。人到老年目光也散了，耳朵也聾了，心也懵懂了，三光漏了，快要歸陰了。歸陰也沒有關係，陰極就陽生，再來投胎就是了。這個圈圈中間點三點，佛家講不講？你翻開禪宗語錄，全講！你們讀書太少，你翻開溈仰宗的資料，仰山禪師經常提這個。梵文裏頭這三點，沒有圓圈，梵文發音叫「伊」字。古代的祖師問你，伊字三點代表什麼意思？佛學的解釋，是法、報、化三身。道家就是「**會三乃歸一**」，「**故水火既**

濟，其功用，全賴中央真土」，所以全要靠一念不生才可以。

「水屬北方正子」，水方位屬北方，在地支屬於子。「在吾身為坎戊月精，天一所生，其數得一。」要曉得坎卦是月亮，坎代表水，所以中黃真氣到了以後，中間是氣住了，氣停了，但並不是密宗講的氣脈通了。「坎戊月精」，氣住了，這是《楞嚴經》上佛說的「心精圓明，含裹十方」的境界。這時精水來了，水來了才可以慢慢煮出丹來，沒有水怎能煮東西啊？還要起火燒水呢！天一生水，解釋水是什麼意思，原來都是代號。有些同學國外回來告訴我，老師啊！這些《易經》，道家的書看不懂，到了美國以後，看外國人研究的英文，簡單明瞭就懂了。再聽他一講，我說怪不得你懂了，他們連文字都沒有搞通，把最淺近的、自己以為對的部份翻譯了，自以為看懂了。

有一個瞎子問人，白是什麼顏色？這個人告訴他，這個白同雪一樣。瞎子說沒有看過雪，這人說同鵝一樣白。鵝怎麼白？鵝一個頭兩個腳，走起路來嘎！嘎！叫的。瞎子說我聽到過，原來那個嘎！嘎！就是白。有時翻譯就是這樣。所以要想看懂的話，把坎離戊己、陰陽五行都要先瞭解，瞭解了以後才會懂。當然我們可以把這些代號都拿掉，直接寫，好不好？就算直接告訴你，修道會不會成功？絕對不成功，因為這裏頭還有個道理。如果直接寫出來，這樣可以成道，那樣可以成仙，為什麼大家沒有成仙成道？

凝神聚氣

「**火屬南方正午，在吾身，為離己日光**」，火屬南方，在地支屬午，在身體上火是什麼？是生命能；「離」還代表兩個眼睛的神光。所以打起坐來，光看前面看境象，完了！神外露，不能凝丹。所以修道要凝神，神光要凝。我這個是貢獻你們啊！拿佛教來講就是法供養，神光不要外露，那怕你閉著眼睛都不可外露，凝神聚氣才可成丹。當你看到各種境界，神就向外馳了，神外馳，才會看到境象，所以初步必須要做到「凝神聚氣」。「離」代表「性」，也代表「神」，也代表「日光」。戊己都是土，也代表真意。坎卦剛才說代表水、代表月亮、也代表耳朵，耳通氣海，所以代表氣。所以我們修道打坐，如果沒有凝神聚氣，儘管外表好像入定了，可是從外面看得很清楚，氣沒有下沉、沒有收攝、沒有反聽，那是沒有用的。真到達氣住，連原子彈下來都聽不見，那才是凝神聚氣。

「離」代表日光，「坎」代表月精，一個是先天光明的第一重投影，一個是後天的。一個是下面上來這股氣，一個是上面下來這股氣，所以瑜珈在密宗叫做下行氣、上行氣。譬如下雨，因為天熱了地球熱氣上來，碰到冷空氣，轟！打雷下雨了！冷熱兩氣相接就是這樣，人體內部也是這樣。所以「**地二所生，其數得二**」，《河洛理數》指出天一生水，地二生火，「**兩者一合，便成三數**」，兩者合起來為三。所以你看道家很簡單，直言告訴你「神凝氣聚」，這是直話跟你說了，你懂不懂呢？如何神？如何凝呢？神又是個什麼東西？氣聚，氣又怎麼聚？都是問題對不對？可是你不懂！那麼神凝和氣聚怎麼分辨？誰叫他聚的？就是真意！不是妄想，所以神凝氣聚中間有個媒人叫「黃婆」，這個是真意。

「**坎中有戊，是為陽土**」，坎水真陽上到中宮，所以這個人精神好了，腎氣上升到中宮，這是「**陽土**」。像我們冬天胃口特別好，吃火鍋也好消化，這也是陽氣上來。冬天外面冷，真正內熱在裏頭；夏天陰火，外面熱得不得了，腸胃反而是寒的，所以夏天胃口不好。你們夏天喜歡吃冰喝涼水，我看到就害怕，我走中國路線的，幾十年如一日，夏天喝熱的水，冬天可以吃冰。什麼飯後吃水果啊，這些都不幹！一冷一熱之間，都是致病的根源。冰涼的水果平常吃嘛！剛剛吃了熱的，這冰水一澆下去，在裏頭凍住，可能慢慢就結塊了，也許就得癌了。如果身上有真陽之火，不管癌也好，瘤也好，都會把它化掉。就怕你身上有寒火，不能發起真陽就完了。

「**離中有己，是為陰土**」，兩個都是土，「真意」在道家的分析，是一念不生，妄想意念不動，但是其中還有陽土陰土之分。一念不生，光明清淨的是陽土；有時候清淨是清淨，但是並不光明，那就是「陰土」。這兩種境界哪種好？哪種不好？其實都沒有關係，因為陰極則陽生，陽極則陰生。總而言之，「**在吾身為中黄真意**」，在我們身上，中間戊己土是真意。這個地方告訴你是真意，本書上已經有人打過圈圈，你也多打兩個圈圈注意。我們這個真意哪裏來呢？在佛學的唯識學講，是第八阿賴耶識來的，也就是說，真意後面還有個老闆。

「**土本天五所生，獨得五數**」，道家的學問，說到《易經》《河洛理數》，天五生土。天地之數，總數五十有五，已用四十有九，有六個不在內，這六個就是六爻。這個數理的道理是另一套哲學了，這叫做數理哲學，要另外研究。「**故曰，子午數合三**」，合攏來是三樣。「**戊己號稱五，合之而三性具矣**」，中央戊己土是五，這三個特性都具備了。

水火如何能相容

「**水火異性，各不相入**」，水和火性質有異，所以「**不相入**」。我們打坐為什麼不能得定？因為坐不住啊！有時候心理還想坐一下，可是我的媽呀！一身發脹，兩腿瘦痛受不了，對不對？那是身坐不住。有時候身體還能多坐一下，心裏亂得很，坐不下去。身心是水火兩個東西，各有不同的性質，要水火相濟才能進入那個境界，半斤八兩合起來是一斤。水火異性，火大了就把水燒乾了，水太多火就熄了，所以要配合平均。生理跟心理要調和恰到好處，就很難！再進一步，我們身體的根根是氣，心理的根根是意念，這兩個要平衡，這兩個是互不相容的。

要怎麼樣把生理和心理組合攏來呢？「惟賴中央土德，多方調燮，方得相濟為用。」這個是調理陰陽，惟靠中央的土德多方調理，要用各種方法。所以真正修道的人，為什麼又學劍又學武功，又煉丹藥，又會看病，又會針灸，好像樣樣都通，你說為了什麼？其實都是為了修道。只為了這一點事，必須要學那麼多東西。因為古人修道要一個人跑到深山裏頭住，深山有野獸老虎等，還有土匪來搶，所以要會武功；同時也要懂得陰陽五行、風水，也要懂得草木，萬一生病了，摘草為藥；也要仰觀天文，曉得這個打坐的地方，何時吹颱風下雨，所以要樣樣都懂，就是為了修道。

你說什麼都不管，或者守竅，或者打坐就算修道了，你這樣能修成功，那我幾十年不是都白玩了嗎？修道要多方面調理，各種方法都要懂。有時候用道家的方法，一用不對了，密宗拿來用用看，禪宗也拿來，再不然，就唸阿彌陀佛只好往生西方極樂世界。有時候唸了半天我還在東方世界，那麼就歸到藥師佛世界來。所以要「多方調燮」，道家就是這樣，也是包括了諸子百家的學問。我說紀曉嵐雖不懂道，是個文人，但對道家的評語八個字，「綜羅百代，廣博精微」，非常好！那硬是這樣。

「由是水一火二，得中央之土，列為四象」，太極分兩儀，兩儀就是陰陽，陰陽有老陰老陽、少陰少陽，叫做四象。四象生八卦，「重為八卦，四正四隅，分布環拱」，八卦是四個正方，東南西北加四個角。「便成八石之象」，八石也是八卦。「豈非三五既和諧，八石正綱紀乎」。這是解釋它的原文，八石也是講煉外丹，是吃的丹藥。外丹有什麼道理，我也想過很多，試過很多，不過沒有把八石都煉成功，我沒有這個工夫，而且也不做這個傻事。

現在有些人我曉得在採陰補陽、採陽補陰，到處亂搞，但是千萬不要相信，那都是一套鬼話。天下人傻子太多了！現在的醫學已經有各種荷爾蒙，比你那個修道還厲害，但是你不要亂用，醫生都慎用荷爾蒙的。

第四十一講

喜愛外丹的麻煩

上次講到丹藥，道家的名稱「外丹」，是化學藥物配製。古老的外丹，都是五金八石這些最強烈的毒藥配製，要把毒藥煅煉到沒有毒性才吃下去。在道家的傳記上，服食外丹成就的人非常多，不過在歷史上，許多名人、皇帝吃了外丹，都很快的蹺辮子了。明清兩代二三位皇帝，還有歷史上的名人蘇東坡、韓愈，都是中毒而死的。韓愈反對佛，反對道，不過自己還是吃這個東西，還是想長生不老。明代的王陽明，也吃外丹中毒而死，死的時候一身發藍，是砒霜中毒。乃至清朝的咸豐皇帝，說他死於天花，死於梅毒，又說死於道家的金丹，各種說法不一。譬如現代新的考證，講雍正也是死於外丹，因為他也是學道學佛的，這些都是疑案。

《楞嚴經》中佛講有十種仙，有一類是吃外丹的，這些修持的方法都可以壽至千萬歲或更長。佛說有五十種陰魔，對於陰魔佛是嚴加苛責的；但對於十種仙只說不得正覺，所以就走入仙道。我常說佛只講一半，假定他又得正覺，那是否成佛呢？後半截歇後語，就等你自己去研究。

我們接著上次講朱雲陽祖師的註解，「**外鍊之術，以五金配五行，以八石配八卦。丹頭一到，五金八石，皆點化而成真金。**」我們文化裏頭一句名言「丹頭一到點石成金」，就是這裏這四個字，這個鐵石一點也就成金了。我們小的時候讀書，讚歎老師把我們文章改得好，就說老師真是丹頭一到，點石成金，就是這個道理來的。

有一個故事，大家都曉得的，說呂純陽祖師要來度人，想教人成仙，但是很多年找不到一個人，所以有兩句名言「茫茫四海人無數，哪個男兒是丈夫」，世界上茫茫四海人多得很，就是沒有一個人成器。後來呂祖碰到一個賣糍粑的老太婆，就化身叫化子去白吃，這個老太婆也沒有問他要錢，也沒有討厭他。呂純陽看來看去，覺得這個老太婆是好心人，他就露了一手，把指頭一點，丹頭一到，把她的鐵鍋就變成金的了。這個老太婆看他指頭一點鍋子變黃金，也不動心，還賣她的糍粑。呂純陽愈看這個人愈好，這種人到哪裏找啊？非要傳道給她不可。老太婆說學這個很麻煩，要練很久才能點鐵成金，不如你把這根指頭給我就好了！呂純陽一聽，真正是眾生易度人難度，寧度眾生不度人，就走了。

如何煉內丹

「故仙翁假外象以喻內功，切不可泥相執文」，所以魏伯陽真人假借煉外丹，說明內功是靠本身自己鍛煉的，在道家這個叫內丹、金丹。內丹是自己本身有的，就是上藥三品精氣神。他告訴我們研究丹書，煉丹，「切不可泥相」，不可水泥一樣黏得很緊，著相；切不可「執文」，不要認為真的有個丹吃下去，那就變成胃結石、胃癌，要開刀了。這個丹是什麼？就是所謂假借法相。古文的丹字，就是圓圈裏頭一點，同這個日字一樣。所謂在虛無中，也就是在太虛中若有若無之間，有這麼一個作用；像是佛家所講的非空非有，即空即有。你說沒有嗎？有這個作用；你說有嗎？絕不是一個實質的東西。

現在我們文字講到這裏瞭解了，大家打坐都想學神仙，每個人都覺得自己是丈夫，都認為成仙有望，把打坐就當成煉內丹了。打坐絕不是煉內丹！明白的說，什麼是煉內丹？他不是叫你「伏食」嗎？什麼是伏食？很簡單，就是佛法的禪定工夫到了四禪定，那時氣住脈停，內丹一點就到了。這個氣住，是鼻子的呼吸像是停掉了，不呼也不吸了，就是達摩祖師講的「外息諸緣，內心無喘」。這時不須要靠後天的空氣了，因為本身的氣充滿了。脈停就代表思想、心念都空了。在這個空的境界上，若有若無有個東西，有個作用，這就是內丹的境界。這並不是說你這樣就成仙了，這只是基本的修道，還沒有達到丹頭一到點鐵成金的「伏食」。打坐做工夫氣脈通了，三脈七輪打通，拿佛學的分類，都是屬於前面的預備工作，還沒有得定。

「水火既已相濟，其中一闔一闢，便有呼吸往來」，外表上的氣住脈停是沒有用的，也就是說用閉氣的方法勉強做到，並不是真的氣住脈停。真到了氣住脈停這個境界，所謂內丹凝結了，實際上仍在呼吸的，這叫做內呼吸。真正的內呼吸，並不是鼻子呼吸比較少，自覺肚臍下面丹田在呼吸，這個不是的，不叫做內呼吸。內呼吸你看文字上差不多，程度差別很大，到這個時候，水火既已相濟，有氣住脈停的現象。「其中」，注意其中這兩個字，不一定說心窩裏頭，或是中宮，也不一定說到肚臍，而是說其中自然有一闔一闢，就是自然而起這個一開一放的作用。這就是說，在身體的內部有呼吸往來的現象。這個時候用不用外來的空氣呢？還是有用，很久很久，或者是個把鐘頭偶然一下，不像我們現在鼻子這裏呼吸，而是鼻根那裏輕輕一下就吸了。

內呼吸不是用鼻子

「呼至於根，吸至於蒂」，這個蒂與根在哪裏？並不一定在丹田，「總賴中宮真土，含藏而停育之」，這個時候完全靠中宮，這個中宮也不一定是胃這個部份，不過也離不開這個部份。中宮真土就是真意，就是一念不生的清淨境界，也就是清淨心。道家十三經當中有一本《清靜經》，我介紹過，非常好，跟佛家的《心經》一樣，是真正的清淨意念。這個時候第六意識的雜念妄想不動，意根上清淨，永遠就是一念，等於佛家講的「一念萬年，萬年一念」，沒有動過。靠這個真土「含藏而停育之」，到這個境界並不是說你到家了，而是伏食到了這一粒金丹入腹了，慢慢要「停育之」，慢慢地保養。

這裏又告訴我們，「此呼吸非口鼻之氣，乃真息也」，不是嘴巴鼻子來呼吸，不是做氣功。「真息往來，初無間斷，自相闔闢於中土」，這個時候發生什麼現象呢？「不啻夫婦之相配偶，乃真胎也」，等於男女陰陽相交那個境界。密宗露過一個消息，說樂、明、無念，就到這個境界。說夫婦男女是比喻，不要搞錯了。這個時候就是佛說的證道了，所以道家佛家在工夫方法上名稱不同，路線是一樣。「中宮之真胎不動，而一水一火自然呼吸其中，猶太虛之真胎不動」，整個宇宙有個生命功能不動。「而一日一月，自然呼吸其中」，雖然不動，這個虛空太陽月亮就代表了人體的呼吸往來，這個上去那個下來，那個上去這個下來。這個道理你懂得了，「豈非呼吸相含育，佇息為夫婦乎。」配合大宇宙的法則，你就曉得這個小的法則了。

「此段，直指真意，為金丹之母」，所以「伏食」這一節，坦坦然把修煉神仙的方法告訴了我們，就是一念不生出真意，「為金丹之母」。「南華經云」，道家的三經是《老子》《莊子》《列子》。《老子》又叫《道德經》，《莊子》叫《南華經》，《列子》叫《沖虛經》。「南華經云：真人之息以踵」，莊子說，真正得道的人，他的呼吸不像我們，他的呼吸一進一出到腳底心。他又說「眾人之息以喉」，普通人呼吸只到喉、肺部為止。「心印經云」，這是道家另一部經典，叫《玉皇心印經》，「呼吸育清」，他說這個時候內呼吸起來了，它所孕育的一切都是清虛的境界，念也清虛，身也清虛。

「黃庭經云，後有密戶前生門，出日入月呼吸存」，道家的這個《黃庭經》，差不多都是七個字一句，照後人學術考證，是魏晉之間的人偽造的。《黃庭經》上就講，真正的內呼吸「後有密戶前生門」，現在大家學術都很公開，不像古代是神祕得很，不准講。現在你們學密宗、瑜珈術、或道家的，都曉得海底、密處這些名稱。不過真正海底、密處在哪裏，大家還是搞不清楚，總是最深處，生命動態的地方出入。出，像太陽一樣出來，太陽怎麼出來？太陽從海底跳上來，這是形容呼吸，日出像呼出，月亮則為吸。道書上告訴你原則，「出日入月呼吸存」，是內呼吸境界，這是《黃庭經》的話，他引用了道家的這三本經典，說明內呼吸。

所以丹頭一到，點鐵成金的道理，「皆言真息也」，再拿道家的術語來講，所謂真息就是真意。有些丹經道書也說得很明白，只是一般人沒有研究，也不懂真息就是真意。有些道家的丹經上說得更有趣了，但是我認為丹經並不是全對喔！某幾句話蠻對而已。道家的著作很雜亂，有時候一兩句話對，其他全部都要不得；有時候大部份對，小部份是渣子。所以丹經之難清理就是為此。譬如講到真息就用拆字的辦法，真息不是呼吸，自心謂之息，自字下面一個心字。道家有些字都是自己造的，譬如說上面寫一個自，右邊寫一個家字，下邊寫一個水，就是自家水。這叫什麼字啊？就是金丹大藥。所以他這個息字就是「自心」，是心念境界。

顛倒顛的運用

「此處指北方正子為水」，本章是用《易經》的《河洛理數》、天文陰陽五行道理，「南方正午為火，以本體而言，後面，指離中流珠為水，坎中金精為火，又以顛倒互用而言矣。」南方北方，水火顛倒互用，道家所講的方法，經常用顛倒。道家有一句話，金丹大道的方法，本身就有，你不要去找神仙，你懂了自己都會，把你現有的生命，「自在中間顛倒顛」，把它倒轉來用。我們現在眼睛看外面，耳朵聽外面，一切都用在外面，把他倒轉來用用看，不向外面用，回到自己本來那個太虛清淨地方，這是第一顛倒。空虛、清淨到了極點之後，第二顛倒又來了，這是佛家的話，真空裏頭就生出妙有來。太虛裏頭是靈光一點，丹頭一到，點鐵成金；有是妙有，有當中有空，空當中又有有。顛倒顛的道理，是說何時出現的境象應該要把握住；何時出現的境象不要把握，這是火候中間顛倒顛。這章的解釋大概如此，我的話不一定對的，是貢獻你們做個研究。

現在接著講《參同契》的本文，「黃土金之父，流珠水之子」，神仙祖師把修煉的方法，藉文字留給後世人，希望後代的人讀懂他的書，每個都成神仙。這是漢代的文字，可是這種文字，比我們早一百年的人已經搞不通了，現在我們更難弄通。什麼黃土也是黃金的爸爸，流珠又是什麼水的兒子，這些是講的什麼啊？現在青年來讀，真是麻煩透了。可是你注意，這就是中國文化，如果這個你不懂，那你談什麼中國文化？如果說這些是迷信，你連影子都不懂，怎麼有資格說是迷信？開口迷信閉口迷信，你是對自己的祖宗侮辱啊！老祖宗留下來的是有內涵的，這個文化的基礎包括非常多，自己一口否定了，那是不肖的子孫。

黃金　流珠　朱雀

「黃土金之父」，這是陰陽五行道理，中央戊己土代表中土，這個地球是泥土做成的。我們上次提到過，人類的文化離不開土地，植物動物礦物都一樣，如果脫離土地到太空上去，已不是地球上的事了，那是另外一個太空文化。中央戊己土是天干的代號，戊土代表土的元素，沒有形成為土，己土代表有形的土。換句話說，戊土代表土的物理作用，物理的能量；己土代表物質的形成，變成了一個物質。所以泥巴也是土，石頭也是土，堅固的一切都是土。在五行的道理，土生金，金生水，水生木，木生火，火又生土，就是一個連串的前後因素不斷，也在顛倒變化，都是五行的變化。「黃土金之父」，因為土生金之故。

流珠是什麼？流珠就是我們身上流動的荷爾蒙乃至精液血液，都是水變的，所以是水之子。天一生水，金生水，這個中間重重的變化，有相生相剋的作用。「水以土為鬼」，你們很多人學過算命就知道，五行生剋，剋我者為鬼，土剋水，所以土為水之鬼。有時我要你們學算命，學會之後，不是去替別人算命，是要你把這個上古的法則發展到人文科學、物理科學去。這本來也是一個科學，因為魏晉的時候，政府禁止科學的發展，所以這套科學只好跑到江湖裏去，這個文化是這樣保存下來的。

中國人的思想為什麼禁止科學的發展呢？其中有他哲學上的理由。因為我們老祖宗認為科學發展是走向所謂「奇伎淫巧」——奇怪的技術，過份巧用腦子的東西，不是天然造出來的。遠在晉武帝司馬炎的時候，已經有人發明木製的鳥在空中飛，晉武帝下令禁止了。講到航空史的話這個才算早呢！為什麼禁止？理由是人類物質文明愈發展，人的欲望愈提高，對物的欲望就沒有止境了，因此政府不准發展科技。我們現在物質文明發展到這個程度，已經感覺到脫離天然愈來愈遠了，很痛苦。

為什麼提到這個「水以土為鬼」？我們講到算命，算命有幾個代號很有趣的，「妻才同宮而異位」，同一個干支，功效代表不同，這是算命術語。發財也用這個才字代表，學問很好也是這個才，老婆也是這個才，三樣都是一個字代表。有同學說，老師啊，某某人算命不準，他算我今年發財結果沒發財。我說你算命不懂算命哲學，就是迷信，這個是對比的啊！你本來是個窮小子，爸爸只給你一千塊一個月讀書，你已經計算好一天用二十塊錢，可是今天去打工，一天賺了五百塊就是發財了，是相對的。你上個月打工賺來兩千塊，認識一個女朋友，去了幾趟電影院，幾趟咖啡館，錢當然光了。你有那麼漂亮一個女朋友，這個「才」來了，那個「財」就要散掉了，都給你佔完了，別人佔什麼呢？

所以「官鬼同宮異位」，官鬼都是剋我，與我陰陽相同為鬼，不同為官，你見了官就見了鬼了。你做了官忙死了，是運氣好，運氣好就是忙，倒楣就是清閑，看你要清閑還是要忙。你給警察叫去問案子，天天跑一趟煩死了，所以官鬼都是管你的。過去算八字，女的八字裏官怎麼樣，印怎麼樣，有正官正印，嫁一個好丈夫，當然這個丈夫就管住他，女的也見到鬼了。所以中國算命的哲學，只要趣味地一研究，已經告訴你人生了。懂了算命，學會了而不算，用不著算了嘛！都清楚了。所以卜卦算命，卜個什麼呢？為什麼卜卦？想知道出門好不好，這一念，卦已經卜完了，不是好，就是不好，你已經答覆了，還要算什麼呢？

「水以土為鬼，土鎮水不起」，水在流動，土是剋制水的，譬如我們身上氣血流動，拿思想來講，我們這個雜念思想流動，做不到寧靜，也是水在流。「水以土為鬼」，鬼就是官，管住了他。土是真意，到了一念清靜，這時六處不動，真意制伏了妄念，所以土為鬼，土鎮水就不起妄念了。

「朱雀為火精」，表示火的精神所在，天文有幾個代號，坐北向南，以子午線為標準，左青龍就是東方，右白虎是西方，前朱雀就是南方，後玄武是北方。朱雀代表南方，南方有一個星座，把這個星星的線一連起來，剛好像一個鳥。因為南方屬火，火的顏色發紅，所以給他加上一個朱色就是朱雀。

「朱雀為火精」所代表的南方火，是光明氣象。雖然無念，並沒有昏迷；雖然清醒，並沒有雜念妄想。所以「執平調勝負」，把身心兩方面保持正平。「水盛火消滅，俱死歸厚土」，你們大家學靜坐，為什麼心定不下來？心裏頭太清楚了，就是火太盛，所以定不下來。火代表妄想，要水來沖，火才滅掉。這個時候水盛就靠氣血精氣的充盈，妄想的心火才安定下去，「俱死歸厚土」，最後水火相濟歸到中央戊己土。禪宗有一個隱山和尚有首詩，寫的就是這個修行境界：

三間茅屋從來住　一道神光萬境閑
莫把是非來辨我　浮生穿鑿不相干

這是講他用功的境界，就是「俱死歸厚土」的意思。

「三性即合會，本性共宗祖」，三性水火既濟，中間用土就是真意，然後所謂性命的境界就會到了，就是「共宗祖」。我們曾經發給諸位呂純陽祖師的〈百字銘〉，也是這一段做工夫實際的境界。

第四十二講

中黃真土與金之父

我們來看朱雲陽祖師的註解，比我講的好得多了。「此節，言真土妙用，能使三家歸一也。」真土這個代號，我們知道是真意。「戊己二土，分屬水火」，道家觀念拿代號來講，水火都是土。「水火之中，便藏金木，而終始不離於土。」這些都是五行的道理，就是把握土，也就是真意。下面用陰陽五行語言直接告訴我們，一個人「蓋生身受炁之初，即有中黃真土」，當我們這個身體生下來，得天地一炁，開始就有中黃真土這個真意在其中。如果你們學過佛學的唯識，就知道嬰兒沒有第六意識，只有中黃真土。所謂中黃真土就是意根，就是第七識末那識。「為金精之所自出」，這個在道家的代號屬於精，真的精神所在。「此金本是乾家祖性」，剛生下來的嬰兒，雖然沒有雜亂的思想，但是人性那一點靈明是有的。這一點靈明人性，是哪裏來的？形而上的代號是「乾」，就是本體那裏來的，宇宙萬有共體的。到了我們身體內部是「中宮不動元神」，這個就叫做元神。

「只因乾金一破」，先天變成後天，我們這個生命「流入坤中」。坤卦代表陰，腹是坤，頭是乾。「實而為坎」，坎就是我們所謂命門腎氣，也包括兩個腰子。左邊的腰子為腎，右邊為命門，學中醫的就懂了。「坎中金精」，坎是水，水中有金，金生水，「便屬戊土，即所謂金華也」。

「惟坎中真金，從乾父而生，故曰，黃土金之父。」此所謂顛倒！我們這個生命的來源，也是坎中代表的。譬如青年人精力旺盛，有形的精力也很旺盛，所以性的衝動很厲害，是坎中之水發動。老年人沒有了，坎水乾了，不是你的修養好，得了道，是你生命差不多了。但是修道的人不然，他還回到所謂顛倒顛。坎中的真金從哪裏來？「從乾父而生」，從先天的生命本體功能而來。魏伯陽祖師的本文上一句「黃土金之父」，就解釋這一句，朱雲陽祖師花了很大的力氣註解，如果我們再用白話寫就更多了，可以寫成一篇大論文。

水火土相互關係

乾卦是代表形而上生命的真諦，「乾之一陽，既入坎中」，變成我們生命以後，「中間換入一陰，破而為離」，乾卦三陽爻中間的一陽爻，變成陰爻而成離卦（☲），離中虛。換句話說，我們後天的生命，從乾卦變成離卦，雖然一個人頭腦思想都很清楚，實際上已經不是本來的了，因為中間一點真陽破了，變成真陰而成離卦了。離卦代表太陽，這個時候「正是坤宮真水，化出離中木液，便屬已土」，木液是什麼？肝臟。我們曉得肝臟的功能是生血，這肝臟屬木，你把木氣調養好了，血液自然好了，中脘好了，脾胃也強盛了。「即所謂太陽流珠也」，就是太陽流珠，人精神健旺。「惟離中

流珠，從坤母而出，故曰，流珠水之子」，我們後天的精神哪裏來呢？從坤母而出，還是要腎氣健旺，氣血興旺精神就來了。「**此言，三性之順而相生者也**」，三性是水、火、土，是相生的。

「**坎中金精，是為太陽真火**」，金精就是代表我們生命的液體，就是荷爾蒙、精液、血，是太陽的真火。太陽是代號，火也是代號，就是生命那個熱能。所以人老了，口水也乾了，就是坎中金精沒有了。「**離中木液，是為太陰真水**」，所以肝臟能夠藏血。「**離中陰水，易至泛濫來剋坎中陽火，坎中之火，乃生中央真土以制之。**」修道要什麼時候修啊？要你精神好的時候修，可是人做得到嗎？年輕搞這一套，不肯幹！像我們是年輕來幹的，年輕什麼都不管，先來修道，年老了來吹牛。普通人不然啦，年輕去吹牛，去忙事情，你叫他修道去，不去。等到要死了，所有精神消耗完了，要趕快修道了。那不是修道，那是養老啊！

你們什麼時候打坐？白天太忙，事情忙完了洗把臉，快要睡覺時要打坐了，那不是打坐，那是要睡覺休息了嘛！那時打坐又有什麼用呢？然後說坐了三個月還沒有功效！怎麼沒有功效？你沒有死掉就是功效，這是很簡單的事啊！所以修道要精神旺健時修。我常常說，真要打坐先去睡覺，睡夠了精神好的時候才來打坐，使太陽流珠不外放，能夠制伏得住，靜得住，那個打坐才叫修道，叫靜坐。你們累得不得了時打坐，那是在休息；病得不得了再打坐，是想治病，你病不惡化已經功效很大了。老得沒辦法了學打坐，自己叫做修道，能慢一點死，那已經功效很大了。修道不是這樣的啊。

有些人常常說，運氣不好去學佛修道。我說佛和神仙不是倒楣人能修成功的呀！那是第一等不倒楣的人來幹的啊！釋迦牟尼太子皇帝不幹，所以他成了佛。呂純陽功名不要了，才成仙。你倒楣透頂來學佛修道，那叫倒楣佛倒楣道，你們諸位要搞清楚這個道理，這是告訴你真話。我常常說，你要運氣頂好的時候放得下修道，那叫做修道的。運氣好，忙得不得了，談修道？哎喲！慢一點啊，把這一點事情了了，把股票賣了，賺了錢我就來打坐。等你賣完了股票，是賺錢了，你的命也差不多了！這有什麼用？這個道理就在此。

「故曰，水以土為鬼，土鎮水不起。離中之水，能剋坎中真火。中央之土，能制離中真水。」這一段我們只好唸過去。「而坎中之火，又能生中央真土，所以水火相剋，兩下交戰」，這是水火交戰，修道有時候有交戰的現象。你打坐做工夫有時候精神很低，要進步以前很糟，修得病也來了，精神也沒有了，如果信心不夠，就坐不下去了。西方人有句流行的俗語，「天亮以前有一段黑暗」，你信得過就行了，翻過去就到了，精神就來了。所以「全賴中央真土，調停火候，不使兩家偏勝，庶幾各得其平。」這一段你們諸位去研究，不要太耽誤時間了。上面講了那些代號和一套理論，其實理論不是空洞的，不過大家這一方面太沒有研究了，講的人辛苦，聽的人痛苦，都苦。

修丹道全在真意

下面一頁第五行，他說直話的地方我們看一下，「所以丹道作用」，修行煉丹之道，「全在真意」，這個真意，不是雜念思想之意，是清淨念謂之真意。「念頭起處，係人生死之根」，注意哦！道家佛家一樣，我們人的這個念頭、思想從哪裏來？

人一醒過來，眼睛還沒有張開，思想就來了。這個思想念頭從哪裏來？所以這裏告訴你，「念頭起處，係人生死之根」。就像禪宗祖師問人，你父母沒有生你以前的本來面目是什麼。他不是指我們的父母，是說我們這個生命最初最初的，就像是問上帝是從哪裏來？注意啊！這個念頭的起處是生死之根！要弄清楚。

「順之則流轉不窮」，你看我們每天一醒來思想就來了，你說你打坐，打坐有沒有思想呀？一定有思想，那就是在流轉，你跟著那個念頭思想流轉不窮，流轉就是輪迴。「逆之則輪迴頓息」，顛倒顛，你把念頭完全清淨歸到了真意，就不入輪迴跳出生死。所以禪宗講一念不生、無念，念頭空了就悟道了，那還早得很呢！

「于此起手」，從這裏你才入門。所以你打坐修道還守竅，還搞氣脈，說這個是道，影子都沒有！那麼為什麼要修氣脈呢？因為你把生理打通了，生理上沒有障礙了，沒有這裏痠那裏痛，頭腦也清醒了，念頭清淨了，到了清淨一念，也就是修道的起步。你不要認為只是起步的，起步的就是最後的，「即于此歸根」。歸根就是歸到性命之根，在這裏開始修了。「不可不知」，所以你這個搞不好，都不叫正統道家。

下面又用代號了，「離中真水稱一性，坎中真火稱一性。中央真土獨稱一性」，這個性，不是本性，是性能性質的意思。這個性，「方其未歸之前」，一念還沒有得到清淨以前，「強分三性」，有三個性質。水就是血液，與氣、精神作用都不同，要三歸一才一念清淨，這是真意。「既歸之後，方知三性，本來只是一性」，是一體的三面。所以《易經》的道理，「最初，太極函三，渾然天地之心，不可剖析」，太極函三就是古代祖師有一個圓圈代表一陰一陽，禪宗圓圈裏頭三點代表了太極函三，前面已經說過。這個本體就包括了這樣東西，所謂在宇宙天體的現象是日、月、星三樣；在人是內在精、氣、神；外面是眼睛、耳朵、鼻子。

所以最初的三樣東西是一體的，「渾然天地之心」，這個「渾」字注意哦！這個名稱是莊子提出叫「渾沌」，當然不是我們菜肉餛飩。混沌是一個陰陽混合的，整體的，沒有破損的。如果我們拿佛學來比喻，佛學有一個名稱叫無漏之果。完整無漏的是天地之心，整體合一「不可剖析」，中間沒有一點渣子。

「因混沌一剖，水火遂分」，整體分開為水火，就分陰陽。「上下兩弦」，就是與月亮上半月、下半月一樣，「併中土而成三家，此由合而分也」，那麼我們現在就是精神分開了，性命分開了，氣血分開了，不能凝結為一，凝結回來就是結丹。「後來兩弦之炁，由分而合，戊己二土，銷歸中央，依然一箇宗祖。」歸到一體，這就簡單了。

「張紫陽所謂，追二炁于黃道，會三性于元宮是也」，就是這個道理。「故曰，三性既會合，本性共宗祖」，這個丹書道經裏頭，經常用男女夫婦關係來說明，它只是個代號。「初云夫婦，以兩性相配而言也」，是引用比喻。「繼云父子」，有些書上接著說，夫婦結成以後又生出一個人來，所以我們自己後天這個性命會歸為一，就不必經過男女結婚，在自己這個肉體上另外產生一個生命，可以不死的。這個道理，「言兩性之所自出也。究云宗祖，乃併為一性矣」，最後還是明心見性歸一性。夫婦是比喻，煉丹的不要搞錯了，不要搞成採陰補陽，採陽補陰，那就是妖道了。「夫婦喻坎離」，是比喻水火之用。「父母喻乾坤」，拿哲學來講，父母比喻形而上道體的陰陽作用，夫婦比喻形而下的陰陽作用，「是為兩儀四象」，兩儀就是陰陽，而生四象。「宗祖喻中央祖土」，這個宗祖的意思比喻中央的道理，「便是返太極處」，返本還原，「歸根復命之妙，於此可見」。

第四十三講

真土對伏食的重要

講到丹道的「伏食」，所謂修持的方法，就是怎麼樣結丹。也就是說利用我們現在這個生命，生生不已的功能，產生新的生命，這個叫「丹」。這個結丹，道家講是「先天一炁從虛無中來」，很自然的再回到我們這個身體上。「伏食」也就是「一粒金丹吞入腹」這個道理。

在佛家，這屬於四禪的境界，所謂「氣住」，呼吸之氣停止了，乃至渾身十萬八千個毛孔的呼吸也凝聚攏來了，非常凝聚，所以氣住。進一步的現象是「脈停」，血液的流行也進入靜態。當生命的功能用完死亡時，肉體毀壞就有氣住脈停這個現象；但相反的是，悟道伏食的人，生命功能充實到極點也一樣有這個現象。用代號來講，當陰極時，就是死亡的現象；修道的人所謂陽極，也有這種現象。等於我們講物理學的作用，宇宙間任何的力，總有正反兩面的作用，所謂有離心力、向心力這些兩極作用的區別。

現在這一章所謂「**真土造化**」，是以中國文化五行的原理說明的。所謂土，我們再三提過陰陽五行的道理，「四象五行皆藉土，九宮八卦不離壬」。這個土所代表的，大家已經知道叫做「真意」。這個真意不是佛學所講的妄想，而是真正的真意。真意屬於五行之土，但是這個真意，這個土，如以世界人類文化來比喻，就非常清楚，萬物都靠這個土地而生長。我們今天活著，就靠生命這一點真意，而普通所謂意志、志向這些名稱，都屬於第六意識的範圍。第六意識就是我們思想的範圍，這個是屬於土，但不是真土。所以道家把這個土分成四種，學過陰陽五行就知道，譬如地支「子、丑、寅、卯、辰、巳、午、未、申、酉、戌、亥」十二時，以五行分類各有歸屬。「辰戌丑未」這四個時辰屬土，其他四個方位都歸到「辰戌丑未」這四種土。

現在我們討論的這一篇，強調這個土，這個真意的重要。要想修成長生不老，返老還童延年不死之法，重點在真意怎麼樣能夠達到伏食的境界，所以叫真土造化，是真土變出來的。

還丹和精氣神

現在回到原文「巨勝尚延年，還丹可入口」，「巨勝」是草藥的名稱，有叫胡麻，種類很多，不止這一種，可以延年。古人書上講很多修道的藥，譬如雲母、松枝、茯苓、天門冬，各家的用法不同。古人所謂黃精可益壽，黃精是一種植物的根，在江西等地有些山上很多。虛雲老和尚在動亂時代被打得半死，晚年在江西的雲居山，那是出黃精有名的地方，虛老活到一百二十歲，可能是吃黃精有幫助。我也吃過黃精，蒸起來像紅薯一樣，不過比較難消化，吃了不大會餓。歷史上記載，漢朝時發現山上有個似人非人，一身是毛又會飛的，抓住是個女的，一問之下，她是秦始皇天下大亂的時候，與家人逃散了，她一人跑到山裏，無衣無食只好挖草根吃，慢慢就長起毛來也會飛了，已活過幾百年。現在本書裏提到外丹「巨勝」，像胡麻、黄精等等之類，「尚延年」，人吃下去可以改變心性，也就是由物理改變心理，可以延年益壽。

我們自身有最好的長生不死之藥「精氣神」，平常我們都是向外消耗，把自己的「精氣神」盡量的用，放射，用完也就死亡了。如果不放射，回轉來把自己的「精氣神」凝聚起來，就叫做「還丹」。所謂「還丹可入口」，不是入這個嘴巴的口。我們上次講過頭頂上有一個口，現在封住了；嬰兒的時候這個頭頂開的，這是個大口與天地通。等到嬰兒頭頂上封口不跳時，他就會講話了，也就是有了後天的意識，切斷了與天地的往來，自己生命成立一個自己的宇宙了。古人所謂修道，是把這裏重新打通，與天地精神又相往來的意思。

道家所講丹分三種，天元丹、地元丹、人元丹。地元丹就是五金八石靠藥物的，這也是修神仙之道的一派，所以這一派是醫藥的祖師。靠藥物改變一個人的生命，使他長生不死，這叫做「外丹」。外丹多半是植物礦物這一類鍛煉而成，也有用動物的，但是少，譬如說用紫河車，就是胞衣，也是中藥。古來的道家有一派為了取得胞衣，把孕婦弄死了的很多，這個就是大法變成外道、邪門。所以你要研究中國的藥，人體頭髮、指甲、大便、小便沒有哪一樣不是藥。譬如小便叫人中白，當年廁尿是用木桶接起來，日久桶邊結層白霜，刮下來就叫做人中白。人中黃就是大便。有時候某一種病你還非這個藥不可，不然就死人。又譬如牛黃馬寶，你說是什麼東西呢？就是牛、馬身上生的腫塊。牛馬有了寶，一天天瘦下去，最後很痛苦的死去，死後肚子解剖取一塊石頭那麼大的，就是牛黃，非常貴，中國人拿這個牛黃做殺菌消炎的。所以天地間的生物很怪，很毒的東西往往變成救命的好東西，可是前面的生命，就因這個好東西而喪命。

人元丹

人元丹是什麼？就是本身的「精氣神」。天元丹就難了，只有地元丹、人元丹修成功的人，頂上這個口開了，才能與天地精神相往來，這要有很多善行功德的人，才能修成。所以青年們來問佛問道我最害怕，我總叫青年人不要學這些，先學作人，從人道做起。人都做不好，你還想成佛成仙，有這樣便宜的事嗎！仙佛之道沒有不從人道開始的。一個仙佛成就，自然有天元丹來，天元丹等於什麼呢？我常說，那是真正佛教密宗所講的灌頂，是諸佛菩薩把他成就的東西給你灌下來，那也就是與天地精神相往來連成了一氣，那也叫做入口。

在沒有修成功以前所謂「還丹可入口」，這個口不是指這個嘴巴，也不是指上面，是心！就是我們的心。古人把心臟的部位，心窩的部位做為標準，入到心裏去也叫做入口。

「金性不敗朽，故為萬物寶」，五行的金木水火土的金，代表本性，能夠發光能夠長久的存在，能夠顛撲不破，所以拿金來比喻。我們人類貨幣以黃金為本位，這個世界人類重視黃金，因為它可以代表貨品價值，它發光發亮永久不變。實際上這個東西除了道家把它煉成丹藥以外，是吃不得的，吃下去會死，不是中毒死，是因金子重而下墜，把胃腸壁穿孔了。金性是始終不敗不朽的，所以黃金變成萬物之寶。

本書非常注重人元丹，即所謂內丹，是身體內部的生命本能煉回來的作用。外丹很危險，所以不大被重視。神仙之道能夠吃黃金的很難，須把黃金鍛成粉末。現在科學進步了，還可以把黃金變成液體。古人不用化學藥品，是用植物就可以把黃金變成液體，當茶喝下去，那個本事真是化學物理的祖師爺。像水銀砒霜這些毒品，都是煉丹用的，我試過，你們可不要隨便玩，那真是會死人的！

外丹和三尸虫

為什麼道家要吃這些毒藥？他說人體有三尸蟲，道家還給它取了名字，三尸蟲都姓彭，姓彭的不要見怪，不是我取的。把三尸蟲殺掉以後，人就可以長生不死。這個肉體，每個毛孔裏都有寄生蟲，心、肝、脾、肺、腎都有寄生蟲和細菌。我們一餐吃三碗飯，人真需要的熱量只要半碗飯，那兩碗半包括牛肉、青菜、蘿蔔的營養，都是幫忙我們身上的那些眾生，是那些弟兄們吃的。所以它們愈養愈大，我們是愈養愈老。所以這個身體裏頭是個活的大世界。佛家修白骨觀、不淨觀，把那個細菌描寫得有多少嘴巴多少個頭，都在吃我們的血，那倒也是真的。

所以道家的辦法，是吃這些毒藥下去，把三尸蟲殺掉。可是如果吃過份了，自己也會吃死，因為你在殺生嘛！內部靠你寄生的生命，都被你清理完了，這是大殺生啊！所以你們說不殺生談何容易，吃一顆消炎片已經不曉得殺了多少生命了。吃其他藥物也可能殺生，即使吃一根辣椒下去，也可能辣死很多生命，也是殺生！我們身體裏頭弟兄們不少啊，那都是同胞，真正的同胞們都在細胞裏頭。但是我可以站在道家的立場講句公平話，也不要反對外丹，外丹有外丹的理由，不過一般人不要輕易去煉，隨便得了一個方子泡酒喝，想長生不老，唉！你大概想要快死吧！五臟六腑不能偏的，補腎也好，補肺也好，你偏補了一樣，別的就受損害，所以要使它均衡。補藥絕不能亂吃，沒有什麼叫補藥的，清理內部才是補。等於這個房子牆壞了，裏頭亂七八糟都不清理，就用水泥把它補起來，壞的東西都在裏面，它會在裏面搗亂。所以補藥素來是很難用的。

現在我們歸到本書，因為「金性不敗朽」所以「為萬物之寶」。「術士伏食之，壽命得長久」，本書作者魏真人，看不起外丹，他認為吃外丹的是術士。術士在中國過去的文化並沒有壞的意義，歷史上這一類人的傳記就是方伎傳的一部份。方伎是什麼呢？方就是方法，包括這些神仙煉製化學藥品都屬於方伎，等於現在所謂工業技術、精密技術一樣，有一套理論有它的技能。在正統的道家，這些煉外丹的方伎之士叫做術士。服食黃金這個物質，可以使術士壽命長久。

脾土　間腦　神通

「土遊于四季，守界定規矩」，這本書把「土」字錯印成士了。他說我們這個精神生命，這個真土，就是真意，我們的真精神遊於四季。四季就是春夏秋冬，春夏秋冬氣候的變化都是這個地球「土」的變化，同這個虛空沒有關係。地球四季的變化不同，地質起的作用也不同。在我們生命裏，土是脾胃。中醫有一派我講過的「金元學派」，當金、元天下大亂時，學醫的人特別發達，因為亂世病也多死人也多。北方的金元學派主張任何病先治療脾胃，腸胃一健康其他的病就好辦了。譬如人感冒腸胃一定不好；換句話說，腸胃不好，所以容易感冒。腸胃絕對健康，感冒病菌進來，經過胃就消化掉了。中醫書上太陽的病「傳」到陽明經、少陽經……這個「傳」是什麼？是進一步慢慢的感染。感冒開始，細菌進來在鼻腔，慢慢到呼吸系統，不治療就到肺部了，一步一步感染，這叫傳。假使這個脾胃特別強，也就是火力消化的鍋爐特別強，細菌一傳到脾胃就被化掉了，病也就好了。

現在講到修道的脾土叫「中宮」，所以有些道家守這裏，不守上竅。說到上竅不是人人可以守的，我再三強調，因為看到現在傳道的佛家、道家、一貫道二貫三貫的，叫人守眉間這裏，這裏有什麼？這裏有一塊骨頭，這個東西哪裏來？是佛教《禪祕要法》白骨觀的三十幾種方法裏頭的一個小方法，他拿到當寶貝了。年紀大血壓高的人不能守這裏，危險得很！何況上竅並不是在這裏，是從這裏進去，後腦相同位置對進去，兩邊也對進去，在這個中心交會的那個點，現在醫學上叫間腦。間腦的作用，在醫學還是個謎。現在醫學正在研究人為什麼有五通，有神通有靈感，都是那些間腦作用。間腦就是那麼一點點大的白漿，死的時候就硬化了，活著的人才有。這個東西是很奇怪的東西，所謂金津玉液，醍醐灌頂，就是間腦下面腦下垂體的荷爾蒙。我們人的腦十二對神經，雷達一樣向外面伸，間腦等於這個雷達中心，所以人會有神通與這一部份的關係很大。

所謂中宮是胃，其實也不是胃，是在心窩橫膈膜之間。我們研究道家、佛家做工夫，我常常告訴同學要留意科學，不要輕視科學，也不要輕視自己的古文化醫學。有人動不動就說那個不科學，說這話的人一定頭腦不科學，他一定沒有學過科學，學過科學的絕對客觀，那才叫做科學。對於現在的醫學，我們更要注意，因為醫學的知識可以幫助你修道學佛。所以下丹田，當然不是肚臍下面，這個裏頭有個道理，所以我們要研究。

第四十四講

前面講到「土遊于四季，守界定規矩」，這個四季剛才講到在身體內部，心、肝、脾、肺等等，各有各的作用。「金砂入五內」，這個「金」字就是比喻金丹，伏食，真得到那個境界進到身體內部來了，道家後世俗話所謂工夫上身了。工夫上身，身體內部就有感覺，就有變化。「霧散若風雨」，心裏頭的雲霧，像風雨一樣吹散了。「薰蒸達四肢，顏色悅澤好，髮白皆變黑，齒落還舊所」，真到了那一步就是返老還童，頭髮白的變黑了，牙齒掉了重生，眼睛看不見的又看見了。「老翁復壯丁，耆嫗成姹女」，老頭子變青年，老太婆變少女。「改形免世厄，號之曰真人」，到了這一步是返老還童，把這個肉體整個變過來，成為真人。

先天一炁如何得

朱雲陽祖師的註解也非常好，捨不得把它拋掉，大概讀一下。「此節，言伏食之神驗也」，講到結丹，真到了那一步工夫，有它的神效。「三性會合，便成金丹」，精、氣、神會合，可以講「水火既濟」，水火既濟靠什麼？靠這個津液調配。「吞入口中，便稱伏食，迥非旁門服食之術也。」所謂旁門並不是罵他們不對，不過走的是偏門，結果還會回到大廳堂裏頭來的。「世間藥草，如巨勝之類，尚可延年益算」，增加壽命，「況金性堅剛，萬劫不朽」，物質世界裏頭是黃金最堅固的，「豈不為萬物中至寶」，修道拿黃金來比喻。「道術之士，倘能伏此先天一炁，壽命有不長久者乎。」這個我們要研究了，我曉得最近幾十年，道家的書出來很多，大家都亂看，這裏又是密宗，那裏又是道家，聽了頭都昏了，不曉得「先天一炁從虛無中來」，這虛無從哪裏來？怎麼有個炁從虛無中來？為什麼稱先天？

先天兩個字是根據《易經》乾卦，孔子的《繫傳》裏說「先天而天弗違，後天而奉天時」。先天就是宇宙沒有形成以前，一切萬物生命還沒有發生以前叫先天。宇宙萬有開始生，這個功能哪裏來？生命功能又是哪裏來的？是靠先天來的，所以乃至天地宇宙都沒有辦法違背的，生命都在這個範圍以內。我們有了生命以後叫後天，這個後天的生命奉天時，既然有了有形的生命，背後有個功能，這個功能是先天來的，有一個規律有一個法則，那是不可能違反的。譬如人生下來要一歲、二歲、三十歲才到中年，不會一生下來就到三十，不能跳過去。所以後天返回先天時，需要按它的步驟來的。自然界看起來是沒有規律，看到這個草啊、樹啊亂長，其實它一點都不亂，不規律裏頭有它的規律，那是後天。就是孔子在《繫傳》上提出來的先天後天的名稱。有一位禪宗的祖師傅大士，歷史上都說他是彌勒菩薩的化身，儒釋道三家都通的，也是梁武帝的國師。他有個偈子很有名，「有物先天地，無形本寂寥，能為萬象主，不逐四時凋」，就是講這個先天。天地宇宙萬有沒動以前，它已經存在，它沒有形象，宇宙萬有都靠它生。

我們現在後天的生命，是靠鼻子的呼吸維持，靠嘴巴吃萬物，傷害別人來維持自己的生命。菜也有生命，吃素也殺生，現在科學已經證明了草、花、菜都有感應的。修道到了有先天一炁後，就不靠後天的呼吸，不靠嘴巴了。大家修呼吸法，我經常笑你們冤枉，鼻子的呼吸是生滅法，有生有滅，有去有來，不會永遠停留在那裏。你專門跟這個生滅的事打交道，要想求不生不滅，長生不死之道，可能嗎？工具都用錯，本錢都用錯。所以這個氣不是鼻子裏頭的氣，道家告訴你，「先天一炁」不是這個氣，因為這個氣是一往一來生滅，它永遠不停留的。

有人煉氣功氣聚丹田，肚子大大的自以為有道，實際上腸肥腦滿，快要翹辮子了。把氣鼓在這裏，沒有道理的，你做個氣袋，然後把氣打進去，叫這個氣只准在一處，不准流動，那可能嗎？我們人體就像是個袋子，氣進來它一定四面充滿，氣留在一處會結塊就生瘤了。所謂氣沉丹田，真正的丹田是無形無象的。氣全身都充滿時，精神就好了，精氣神來了，也就是先天一炁。所以修道家是不用那個氣，還是用我們原始這個「无火」之謂炁。

先天一炁就是不呼不吸，這時候我們後天呼吸寧靜了，身、心、性命都空了，沒有感覺了，這時所發動的生命功能叫「先天一炁，從虛無中來」。要自己完全空到極點，清淨到極點才能發生；並不是說先天一炁從虛無中給你掉進來。你那時本來就在虛無中，還要掉進來什麼！這個有形的呼吸也在虛無中啊！所以從虛無中來是看你身、心、念頭空到多少，它的功能就發動多少，真空中就生出妙有來。如果空都空不了，還想求妙有，做不到的！這個先天一炁是不生不滅的，剛才提傅大士這個偈子「不逐四時凋」，它永遠不生不滅。這一段說明這個先天一炁，所以伏食是真氣來了。真氣在佛家天台宗叫做真息，息者不呼不吸了，充滿，寧靜，停止，這個叫真息。

土和四季內臟

現在他解釋土是什麼，注意它的解釋。「戊己二土，本無定位，周流四季，在東則為辰土，在南則為未土，在西則為戌土，在北則為丑土。」剛才提到地支十二個時辰，辰戌丑未四個時辰都是土。你們學陰陽、學風水、學奇門遁甲的，讀懂了道書就更高了，他這裏給你分析得很清楚。在東屬木，在人體內部的肝臟屬辰土；在南就是心臟，南方屬火就屬未土；肺是西方，戌土；北方壬癸水腎臟，屬丑土。所以辰、戌、丑、未四個都是土，方位也不同，它的觀念性也不同。學中醫的更要注意，因為中國的醫學理論是建立在道家哲學基礎上；西醫的理論是建立在物理實驗的基礎上，所以兩個文化基礎不同。一個從物理文化，唯物文化來；一個是唯心文化來。也就是一個是哲學系統來，一個是科學系統來。其實西醫、中醫都有最高的一面，不要偏頗。身上長一個東西，要靠西醫科學儀器檢查出來，三個指頭把脈是摸不出來的，雖然也有高明的人，一般半吊子是靠不住的。尤其現在有了掃描技術，更清楚；靠指頭，靠意想，很難準的。所以中國人有四句俗話，「肺腑而能語，醫師面如土」，五臟六腑如果會講話的話，那個肝在裏頭講話了：老兄，我沒有病，那是肺部的事情。醫師聽了就臉色如土。「山川而能言，葬師食無所」，山川如能言語，看風水，看地理的人也就沒有飯吃了。

所以講到土，他講肝、心臟、肺、腎同土什麼相干？因為土是脾胃，與任何部位都有關，哪一部位出了毛病，就是那部份的生命功能差了，都關係到脾胃。所以真土在這個肉體生命中，就是生命的一個能，看不見摸不著的，年輕很旺盛，老年就衰了；在心理精神方面，就是真意，就是意志。所以這個土有四種，因四季而不同，也因部位而不同。本書前面講到「周流四季」，這個真意並不固定在一處呀！譬如你們在座很多學打坐的，學佛的也有，修道的也有，修密宗的也有，學顯教的也有，有時你工夫都用在頭上，頭昏昏的又重，又下不來，這是什麼道理？就需要懂得活用，「周流六虛，變動不居」的道理，這是孔子在《易經》上講的話。

所以道家有活子時的說法，活子時是什麼呢？後面的註釋，「十二時意所到皆可為」，十二時就是晝夜各六個時辰。宇宙的子時是夜裏十二點整，但是人體的生命是一個小宇宙，它另外構成了一個天地，而且每個人的時間觀念都不一樣，所以十二時意所到，這個是真「意」，懂了真意，就會做工夫了。

「**木火金水無非土之疆界，作丹之時，賴此土以立中宮之基。**」這就是真意。「中宮之基」是什麼呢？簡單拿儒家的話說，就是誠意正心，這個時候心絕對的正！在座的許多朋友修道學佛都有幾十年經驗，你在某一種時候瞎貓撞到死老鼠，不是你的工夫到了，可以說是工夫碰上了你。偶然那一下，心念很清淨，身體也很端正，非常寧靜舒服，那個時候正是中宮土歸位，是真意，沒有雜想沒有妄念。可惜是工夫找上了你，不是你做到的工夫。如果你做到了「十二時辰意所到皆可為」，都在這個境界中，那你這個修道做工夫就快了。「伏丹之時」，氣住脈停「仍賴此土以定四方之界」，各歸本位。「故曰，土遊于四季，守界定規矩。」

荒誕的採補

這一段完了，又起一段解釋什麼叫金丹，「金砂，即還丹也」，注意這個字，修道成功了，九轉還丹。什麼叫還丹呢？我們生命本來有的長生不死之藥，自己把它消耗掉了，現在修了半天，修回來還是自己原來的東西，回歸自己叫還丹。不修行不修煉，這個東西就同後天生命一樣忙忙碌碌跑掉了。所以金砂就是還丹。「蓋兩物所結就者」，千經萬論所指的兩物，就是我們的神和氣兩樣結合。所以「入五內，即是入口，蓋指方寸而言」，他解釋入口并不是嘴巴吞進去到五臟六腑，而是剛才我講的真到了誠意正心，「非服食之邪說也」，這不是服食的邪說。

有關邪說方面的太多了，道家流行的所謂採補一派，有採陰補陽，有採陽補陰。現在人很少聽到過，我們當年不但聽到過，還看到過，一看怕死了！明朝歷史上發生紅丸案，就是皇帝修道吃紅丸死的。紅丸是什麼呢？是道士拿宮女的月經煉製而成，吃得這個皇帝七孔流血而死。那麼這個東西是不是藥呢？剛才講到人體男精女血沒有哪樣不是藥。還有些採補的，用一個吸管套進童男童女身體的內部吸取，認為也是長生不老之藥，五花八門無奇不有。所以說我們這個民族，文化是了不起，但文化的渣子也真是又多又壞！

講到這個明史紅丸案，這個道士也倒楣，他也死啦。修道修神仙何必到皇帝前面拍馬屁呢！已經當了皇帝還能夠當神仙嗎？世界上哪有那麼便宜的事！修道本來比當皇帝還清高，你幹什麼在皇帝旁邊轉啊轉？有些藥沒有錯，但皇帝吃了非死不可。因為這種藥要遵守幾個原則才能服用，要離情絕欲，男女關係絕對沒有，而且是五穀不吃，只能夠服氣。這種藥偶然借用一顆下去，已經夠了，身體內部就轉變了，再也不吃第二顆。他們當皇帝宰相的，已經功名富貴，吃下去以後精神健旺，男女飲食什麼都來，七孔流血還是客氣的，要十萬八千毛孔都流血而死才對。所以正統的道家對這一類的方伎所製的丹劑，非常痛恨。其實外丹方劑也是中國醫藥的一種，是可以治病的，偶然吃可以，病好了就不吃，連續吃會吃出問題來。真正的神仙長生不老之藥，還是靠內部自己的鍛煉，這是他解釋這一段的意義。

伏丹後的變化

再說下面「霧散若風雨，以下俱是伏丹後，自然之驗」，他說這風一下雨一下，都是描寫還丹以後自然的效果。「丹既吞入口中，靈變不測」，真正得到氣住脈停，真丹回來以後，那真是變化莫測！內部起的變化多啦！「周身八萬四千毛孔」，他用八萬四千，佛家用十萬八千，我想體質不同，毛孔多少也不同。「若雲騰霧散」，渾身每一個細胞都起了變化，如雲飛如霧散，「風雨暴至之狀」，像暴風雨一樣。氣發動的時候很嚇人的！所以小說上寫成走火入魔，其實是自己生命功能起的一種變化，加上自己心理幻想就入魔了。心理端正的沒有關係，只看這個身體內部怎麼變，充其量最後一個字：死！死都不怕還怕什麼變化。

過來以後是無比的寧靜，「四肢自然薰蒸」，一定要經過這個階段的。現在大家儘管聽了，你說聽了以後修道懂了，對不起！你真到了那個境界，出現了那個現象，如果不被嚇倒你就可以成仙了。所以《金剛經》上佛也說，學佛的人都想得到空，如果真到空的境界而不恐怖的，那就行了。很多人學佛碰到了空，哎呀！老師，昨天唸經打坐，坐到我都沒有了，嚇死了！那你還學個什麼佛？你本來求的是空嘛！空來了，又嚇死了，那有什麼用？

所以這裏說「雲騰霧散，風雨暴至之狀」，那個發動，那個難過，好像颱風在裏頭吹，你不嚇死才怪！這個是一個階段，要經過這樣，過了以後風平浪靜，「四肢自然薰蒸」，身體內部每個細胞都充滿，像上了蒸籠蒸軟一樣的。

「顏色自然悅澤，髮白還黑，齒落轉生，老翁復成壯男，老嫗變成姹女」，老太婆會變成少女了，這個時候還沒有跳出三界外，只能說不在五行中。這兩句話有個層次的。「劫運所不能制」，道家叫這個是逃出了生死的玄關。在人體上也有部位會打開了，劫運限制不住你了，你要活多久就活多久，所以「造物所不能厄」，上帝，玉皇大帝，自然宇宙沒有辦法困擾你。所謂「任他滄海成田，由我逍遙還自在，號之曰真人」，這個是得道了，「不亦宜乎」，就是這個道理。

第四十五講

同類相從章第十二

胡粉投火中，色壞還為鉛。冰雪得溫湯，解釋成太玄。金以砂為主，稟和于水銀。變化由其真，終始自相因。

欲作伏食仙，宜以同類者。植禾當以穀，覆雞用其卵。以類輔自然，物成易陶冶。魚目豈為珠，蓬蒿不成檟。類同者相從，事乖不成寶。燕雀不生鳳，狐兔不乳馬，水流不炎上，火動不潤下。

世間多學士，高妙負良材。邂逅不遭遇，耗火亡資財。據按依文說，妄以意為之。端緒無因緣，度量失操持。擣治羗石膽，雲母及礬磁。硫黃燒豫章，泥汞相鍊飛。鼓鑄五石銅，以之為輔樞。襍性不同類，安肯合體居。千舉必萬敗，欲黠反成癡。稚年至白首，中道生狐疑。背道守迷路，出正入邪蹊。管窺不廣見，難以揆方來。僥倖訖不遇，聖人獨知之。

水火相變化成丹

「胡粉投火中，色壞還為鉛。冰雪得溫湯，解釋成太玄。金以砂為主，稟和于水銀。變化由其真，終始自相因。」這個完全講礦物質化學的道理，有一點要特別注意的，他批評外丹都是靠不住的，想用外丹來改變生命是有問題的。本書注重內丹，所謂內丹，是以我們人本身的精氣神為主。我們曉得精氣神修煉成功，這個生命就可以永遠保有，但是如何去凝結攏來，理論上容易，做起來很難，也就是這個伏食很難。因此他儘管講外丹的不對，我們不要因此全盤否定外丹。本書也被許多道家修外丹的人奉為最要緊的寶典，道家原始的藥物化學也是根據這個理論來的，也就是講藥物本身的變化。

我們看註解，「此節，正言水火同類，相變化而成丹也。」朱雲陽真人把它點出來啦，他說水火兩個也是代號，在我們本身，是同一個作用。水就是我們身上的液體，所謂荷爾蒙對修道人很重要。荷爾蒙中文意譯是內分泌，在醫學上究竟的作用還不敢太確定。總而言之，年輕人的精神特別好，身上生生不已的功能特別強，年老就衰了，不管男女都一樣。這是「水」「火」變化，生命活力的變化。

現在外面密宗很流行，密宗有修拙火的，最近來了很多喇嘛，不是西藏來的，是邊區來的，一般人就叫他活佛、喇嘛。活佛是個統稱，在中國過去元朝時的封號叫呼圖克圖，就是活的佛。活的佛也就是法寶，佛法的寶貝。但是正式的活佛，沒有幾個。過去元朝的發思巴大師，十五歲做忽必烈的國師，三十一歲被封為大寶法王，後來的大寶法王是繼承他的系統來的，是寶不是寶就不知道了。現在來的有些小的叫仁波切，藏文仁波切就是活寶，像是我們幽默人的話，活寶；有時也恭維人，是個寶貝。昨天有同學說外面傳言，那些仁波切來了，南老師都向他們磕頭，可見南老師還向他們求法。我這個人連樓都不下的，管什麼仁波切，波切仁，哈哈！就當笑話聽了。

有些人打坐觀想，自己一身發燒，認為拙火動了。實際上那叫做發燒，不叫做拙火動。真的拙火發動了的人，沒有發燒現象，也沒有火光現象，夏天大太陽裏頭反而清涼，不流汗，冬天在大雪裏不穿衣服也無妨，那叫做拙火發動。拙火是個形容的名稱，如果一身硬是有發熱的感覺，千萬注意，那就是發炎了，不過這種發炎檢查不出來，在西醫病理上還沒有。中醫有叫做「骨蒸」的，自己感覺身體裏頭發燒，可是量體溫沒有升高，但很難受。譬如過去某某委員，修道家、密宗，開始認為自己得了拙火定，也有神通。他來跟我談過幾次，我說，對不起你這個不是得道，也不是拙火發動了，你趕快看病！他就是得了這個毛病。骨蒸有各種因素，遺傳或者後天因素，因為本身就有病，由於打坐而爆發出來，不是打坐坐壞的。打坐有時也要配合醫藥，爆發了並不是壞事，如果懂醫理調整，工夫到了這裏就可以進一步，不懂得調整就很痛苦。

所以現在提到水火兩個東西，並不是經常有個水在流，有個火在燒，那就不得了啦！這是形容辭，是指水火的作用，但是不能著相。不管道家佛家，著相都會成問題，這是個原則，據我所知是如此。現在說水火是同類，看道書很困難，普通看水火同類就這麼看過去了，仔細研究這四個字，我們實在沒看懂。第一水跟火絕不同類，第二你再研究水的同類是什麼呢？火的同類又是什麼呢？都是問題。不能認為中國字認得就看懂了，古人說，讀書要頂門生一隻眼，不是這兩隻眼讀，是頭腦有智慧去思考。

「**水火同類，相變化而成丹也**」，我們普通說水火的變化，火多了把水燒乾了，水大了把火滅了。這水火是什麼？說我們打起坐來一身發燙啦！我起火啦！起火怎麼樣？自己燒化啦。那是有的，是得阿羅漢果位的人，要走的時候，跟大家宣佈說再見，兩腿一盤自己打坐起火燒了，不用外力引火。這個在古人叫「三昧真火」，那不是普通的火。朱博士前兩年從美國回來告訴我，國外有許多紀錄，一個人自己會發火燒了，朱博士就問我這是什麼毛病？我說這個很值得研究了，像這樣的資料很多。昨天一個朋友談起，一個美國人開車，停了車坐在車中睡著了，睡醒以後一看自己兩個手膀子燒了！不曉得哪裏起火燒了，裏面都燒成焦炭，可是皮膚外的毛也沒有掉，可見道家講人的身上真有水火。有形的火是什麼東西？譬如一個人性的欲望特別強，我們中文形容欲火中燒。古代醫學公案，因為欲念特別強，自己壓制，壓制不了的時候起了火，被自己欲火燒了。所以人身上這個生命的變化有這樣大。「**水火同類，相變化而成丹**」這一句話，我們要仔細做學理的研究，還先不要做工夫，因為學理不懂，工夫不能做。

一陽來了怎麼辦

他下面解釋。「**何為同類，人但知坎為水，不知坎中一陽，本從乾家來，正是太陽真火，陽與陽為同類。故坎中真火，恒欲炎上以還乾。**」他說我們一般人只曉得坎為水，坎卦在《易經》跟人體生理的關係，代表了兩個東西。在頭部坎是耳朵，耳通氣海，你們如果研究過針灸，我們肚臍下面有穴道，所謂關元、氣海就在這裏。第二，這個坎卦在身體為腎，中醫所講的腎包括腰子在內，右為命門，代表生命的根本，管生命的功能作用；左為腎，管水液。中醫講由腦下垂體起到下面腎上腺，這一連串下來都屬於腎。現在青年人研究中醫看到這個腎，就把它當兩個腰子來治病，我真不知道說什麼好。病的來源很不容易認清楚的，譬如剛才吃晚飯時有個同學講胃潰瘍，我說胃潰瘍是你的病象，為什麼你有胃潰瘍？病源是什麼？中醫治病要治病源。

現在講坎為水，大家都曉得坎卦代表水，代表一個現象，外面二爻是陰，中間是陽。坎卦坤卦都代表女性，乾卦離卦代表男性。坎為水，方位代表是北方，水代表腎臟以下的這一些都是水。譬如說女性這個月經，這是水，所以在中國醫學，女性月經的名稱叫「天癸」。壬癸都是水，壬是天水，形而上的，癸是形而下的。水代表什麼呢？不管男女，代表的是生命力強，荷爾蒙充沛，性腺特別發達，所謂青春之意特別發達，這就是坎卦的水強。女性本來是坎卦屬陰，陰中有至陽；男人外表是陽是離卦，其生命的中心有至陰之氣。所以這個地方一反一覆，是一個先天一個後天的變化作用。

所以他說人們但知「坎為水，不知坎中一陽，本從乾家來」，坎中一陽是從乾卦來的，這一爻代表陽氣。怎麼說呢？譬如像伍柳派的道家，教我們什麼活子時採藥，不管男女，睡夠了睡醒了，尤其是男性，陽氣動了，陽舉了。這個時候，伍柳派認為水源還是很清的，沒有欲念，趕快起來打坐，說是降龍伏虎，因為這個老虎要下山吃人了，趕快把它降伏下來，打坐把它化掉。這時不是馬上起來屙尿，怕陽氣跑掉，坐到了化掉這叫做採藥。所以藥叫自家水，女性也是這樣。這樣講法對不對呢？也有點對，不是完全錯，尤其在座的老年朋友，照這個方法，能夠百把天半年下去身體一定會好。但是中間千萬不要有欲念！男女欲念一來，這個水已經變濁了，水源濁了就不要採，不要收回了，乾脆去小便或者打拳。

現在學拳的沒有這樣學啦，我們以前年輕時想練真工夫，要怎麼練呢？那很苦了，沒有在床上規規矩矩睡，鄉下的木板櫈併攏來睡，鍛練筋骨要堅固。一睡醒陽舉了，不去屙尿，要把這一泡尿都打化，出了一身汗，然後尿也沒有了，這樣叫做練工夫。為了練工夫，尿也不敢尿，屁也不敢放，都是元氣，放了屁元氣漏了，屙了尿可惜了，就好像掉了黃金一樣。後來我發現早晨不屙尿，幾趟拳打下來，拚命哼！哈！一身汗流出來，三個月後好像每一個人臉都發黃了。以前老師說這是工夫，搞了半天我覺得這是毛病，但還不曉得叫黃疸病。

像有一種工夫叫做童子功，就要這樣練！童子功練了以後這個男的就不能結婚了，結了婚就不叫童子功了。那是很厲害的，真是一拳出來可以打死條牛沒有問題，這個工夫是死練的。同道家講的陽一舉活子時來，就要把它坐化，同樣的用法，不同的功效。至於早晨起來不屙尿，坐化了以後再去小便，在道家叫做文火烹煉；而那個練武的，這泡尿硬把它練化變成汗出來，這是武火烹煉。像這些我小的時候都經驗過，我是什麼事情都玩玩，過不了兩個月，不幹了，曉得這東西不好玩，不來了。

陽火　陰火　真火

這是講到坎中一陽本從乾家來。我們睡醒了，精神飽滿了，陽氣充沛陽舉，這就是坎中一陽。它從哪裏來呢？它從乾來的。乾是什麼？純粹圓滿，換句話說，睡夠了精神充沛了，它才一陽發動。所以人老精神不充沛，男女之欲沒有了，青春之火已經熄啦，那不是修養高，不動心，那是沒有本錢動心了。所以什麼叫做戒？有本錢而不動心！把欲昇華叫做守戒。如果本來是乾枯的，枯井無波，水源都乾涸了，用不著戒啊！由此可知坎中一陽本從乾家來的道理。更要曉得陰極則陽生，靜到了極點陽氣則動，睡眠夠了，精神養好了，剛一清醒這一下子，真陽之氣來了，把握到這一念，才叫做採藥。他說這個正是太陽真火。你看真火有燙沒有？修密宗的，修道家的，如果身上發燙那是發燒！不是真火。坎中一陽來復的陰極陽生，才是太陽真火，這個叫做後天之陽氣，與先天之陽氣同類，是同一個東西，變化不同而已。

因此他說我們的心「**坎中真火，恒欲炎上以還乾**」，坎是水，水裏的火總要向上爆發，同物理世界一樣。我們現在用的能源瓦斯，什麼石油氣沼氣，這個也是陰火。譬如我到過四川自流井，燒鹽巴的那些火都是瓦斯，用瓦片一蓋就把它蓋住了，把瓦片拿開，火就忽然出來，就可以燒鹽了。這種地下陰火，等於我們瓦斯一樣。這個瓦斯如果沒有燃燒，手放下去感覺是冰的，這個手都要痲痺半天。陰火與陽火是不同的，木頭燒的火是陽火，太陽火是陽火，其它有些火是陰火。假設我們把太陽光引到玻璃鏡裏頭，對準焦點也可以起火，這一點火出來就叫陰火。太陽是陽火，再反射出來是陰火，所謂陽中之陰，陰中之陽，就是這個道理。所以「**坎中真火，恒欲炎上以還乾**」，喜歡向上面升的，天熱了為什麼下雨？地面曬得太熱，蒸氣向上走，碰到高空冷氣團就下雨了。一冷一熱，一水一火，結合變成甘露下來了。我們這個身體同這個物理是一模一樣的，懂這個氣象的物理，你就懂得修道的道理了，身體就會調整好。

人就不同了，坎中真火，像人的陽氣，睡醒精神夠了，則一陽來復，陽舉了向上走，當然沒有火燒的現象；但是精神來了思想就多了，第一個思想就是男女之間的欲念，像火一樣燒起來。修道人這個時候是個關鍵，要把心念歸到清淨，這樣慢慢打通了氣，心火下降頭腦清明了，那叫做還精補腦，就長生不老。可惜人做不到，奈何這個坎中一陽真火就要向上燒，到了命門的地方刺激了腎上腺的荷爾蒙，性的欲念就來了。來了守不住，一次兩次，生命就那麼下去了，所以這個很難把握。

太陰真水妙用

「人但知離為火」，離卦（☲）是火，離代表眼睛也代表心，我們這個思想觀念也都是屬離。離中這個一陰就是佛學的無明。我們人的思想怎麼來怎麼去不清楚，莫名其妙的來莫名其妙的去。「不知離中一陰，本從坤宮來」，坤（☷）是陰極。「正是太陰真水」，所以沒有雜念，沒有妄想，靜坐久了，口水下降了。修道先要學打坐，坐起來不求靜就不是做工夫。莊子笑我們，所謂靜坐，說是「坐馳」，坐在那裏開運動會，又想觀音菩薩又想西方又想東方，又想轉河車又想上下顛倒，在那裏忙得很。所以莊子提到真正的靜坐，叫做坐忘，坐到忘記我忘記身體了，那叫做修道。坐到真沒有雜念妄想時，這是真陰，陰極了才陽生。老子說六個字：「致虛極，守靜篤」，這就是打坐基本原則。這是什麼境界呢？是陰境界。老實講，不要怕陰境界，陰極就陽生。比方我們人總要睡覺的，精神太疲勞時去睡一覺休息，睡夠了精神來了，所以陰不是壞事，是好事。

「**陰與陰同類，故離中真水，恒欲就下以還坤**」，像我們腦子思想的這個地方屬於離卦，當下部的氣上升刺激腦下垂體，思想就來了，精神旺盛思想一來，它喜歡向下走，所以精神好了做壞事的機會就多。做壞事多是向下流，向下走的，「**此即大易，水流濕，火就燥**」，《易經》上的這句話說明，水向濕的地方流，火向燥的地方跑。

所以「**本乎天者親上，本乎地者親下，各從其類之義也。**」講到這兩句話，我們小的時候背的《幼學瓊林》天文第一篇，「混沌初開，乾坤始奠」，這個宇宙是這麼開闢的，並沒有說上帝造的，也不是菩薩開闢的，中國文化就是這樣。「氣之輕清上浮者為天，氣之重濁下凝者為地」，你說不是科學嘛，也是科學。氣之重濁者結成塊，就是物質世界的地。小的時候都是從唸這些書開始的，一輩子也用不完，現在跟你們來談，還變成很高明的學問。

老實講，我們打起坐來，坐到什麼都不知道，那是陰境界，那是氣之重濁的境界。所以工夫到了氣之輕清上浮者為天時，你的真工夫到了，是還精補腦的時候。到了那個時候不要睡覺了，也沒有妄想也沒有思想，可以叫做六根大定。當此之時，眼耳鼻舌身意都是清醒的，晝夜清醒，也許個把禮拜都不需要睡覺了，但絕不是失眠。這個時候要參考元朝丘長春真人的〈青天歌〉了。「青天莫起浮雲障」，這個時候一念不生，一念不生不是不知道，萬象都知，可是沒有動念。「雲起青天遮萬象」，如果這個時候動一念，等於青天裏起了一片浮雲，就把青天遮住了。

道家有幾篇東西很重要，我已經給諸位提起過，現在再介紹一下。第一是道家十三經裏的《清靜經》必須要背來，必須要懂得。第二是呂純陽的

《百字銘》，我們這裏發過講義。第三，宋代那個女仙姑曹文逸的《靈源大道歌》，她是宋朝曹彬的孫女。曹彬是了不起的一位大將，比唐代郭子儀還偉大，雖然出將入相，卻不喜歡殺人，作戰是非常仁慈的。他教育好，後代也好，另有一個孫女當皇后，也是好的皇太后。第四篇要讀的就是丘長春的《青天歌》。其實這些也值得學佛的參考，因為這個時候已經三教合一了，佛家道家東西都在內，已經分不開了。當然不是一貫道所說的三教合一。

第四十六講

剛才講到水火在我們自身的作用，當靜坐達到極清淨的時候，就是「水」的境界；當我們坐到精神蓬勃，陽氣上升的時候，就是火的境界。大凡碰到陽氣精神極旺的時候就難了，因為一般人精神旺的時候念頭空不了；到了精神衰敗，念頭自然清淨，那是陰的境界，那是純粹的水，沒有火。工夫的調配是要水火既濟，因此我也講過，一般人學打坐是把事情忙完了，精神疲勞，差不多死了半條命時才來打坐修道，那是沒有用的，那是休息。真修道，是在精神極旺極好的時候打坐，叫做修道。拿個人的生命來講，一個人在運氣最好最得意的時候，功名富貴都來了，這個時候放下來修道，才叫做修道。退休了，倒楣了，得病了，然後盤兩個腿叫做修道，那不叫做修道，那就無以名之了。這個話我講得嚴重，諸位真正向這條路上走的人，特別要注意。

胡粉硫黃的作用

下面他說，「魏公」，指本書作者火龍真人魏祖師，「先以世間法喻之」，書裏面用胡粉投火中這些世間法來比喻。「如胡粉，本是黑鉛燒就」，胡粉是中國藥名，這個藥就是黑的鉛，把它燒化炮製過，就變成粉狀叫做胡粉，是有毒性的。中國藥物的辭典叫做《本草綱目》，但開藥店學中醫的必須要讀《雷公炮製藥性賦》。炮製就是經過化學製造的，哪一種藥要水泡過，哪一種藥要炒過，這個叫炮製。炮製不是放炮的意思，是在鍋裏爐子上炮的。這個姓雷的雷公，是黃帝時代的人，他是中國的藥物祖師。

又譬如有一種藥就是硫黃，有時救命要吃硫黃丸。硫黃也是道家了不起的藥，我也曾經吃過一百天的硫黃，那是冒險吃的，在做試驗。這種丹藥對修道人身體很有利，但是不能多吃。這個硫黃要用豬油來製，要炒過，把豬油放下去與硫黃起化學作用，就沒有毒了。但是在體內沒有吸收之前，如果碰一點動物的血，尤其是豬血一吃下去，那個毒性就爆發了，會把人燒死。

吃硫黃究竟有什麼好？我是拿命來試驗的，我吃了覺得骨節特別鬆，身體很柔軟。後來偶然重新翻一本古人的法醫學《洗冤錄》，才明白其中的道理。古代法醫驗屍，把墳中屍體挖出來看死人的骨頭，如果手指一捏就變成粉，是硫黃吃多了死的。我看到這一條才知道，怪不得身體這麼柔軟！道家吃硫黃是轉化筋骨，我們打坐也想把身體達到空，但是很不容易。這個藥物把身體改變，使你感覺空。當然吃過份了就不好，這些都是毒藥，像鉛、硫黃、水銀，煉丹的藥五金八石都是毒藥，把它們鍛煉成丹，小小的一粒只有綠豆那麼大，吃對了百病皆除，吃不對立刻翹辮子，七孔流血而死，那是很嚴重的。

他現在講，「一見火，則當下還復為鉛。冰雪，本是寒水結成，一見湯，則立刻解釋成水。」胡粉本是黑鉛燒就，見火又還原為鉛；冰是水變的，加溫就變成水，水冷卻又變成冰了。人體內部也是這樣變化，修道也是這樣，從這個原理悟進去就曉得用功了。「可見火還歸火，水還歸水，本性斷不可違矣。」物理的本性、本能沒辦法違背，水，泡成茶是水，釀成酒也是水，做成毒藥也是水，做成排骨湯還是水，味道雖變了，但是水還是水。

再說水　火　氣

「鍊金丹者只取一味水中之金，水中之金即命蒂也」，所以生命的根本，就是一陽來復，看不見的一陽來復是最高明的。我講了無數遍，等於我們人睡眠，休息很久，陰極了，醒過來精神就好。所以我常常給同學們講，你把這個睡著醒來的關鍵把握住，生命的根本就在你手裏了，這個就是命蒂。人有病看中西醫，藥物只是幫助的，不是藥物把你的病治好，是你自己把病治好，所以生了病就睡覺，睡覺就是休息，完全放下。休息進入了陰境界，陰到極點陽出來了，病好了，又出來賣命，把命消耗；消耗了又要生病，這就是普通人。

「**水中之金**」是道家的比喻，實際上就是生命的真蒂，一陽來復。這個水，「**本來原出于乾性**」，乾卦是代號，人性的本來。「**自乾破為離，離為性根，中有真陰**」，乾卦是代表一個完整的，原始的本性，它上爻下爻一變成陰的就是坎卦；乾卦中爻一變成陰就是離卦。離在人體代表心跟目。釋迦牟尼佛只用形而上的道體來說，在《楞嚴經》中，七處徵心八還辨見，跟阿難反覆討論心在哪裏。佛說「心目為咎」，是心跟眼的問題。在道家來講，明心見性用個代號叫做乾卦，是完整的。目、眼睛、頭腦，是離卦，是完整的本性中間破了，中間一陰來啦，變成離卦。「**乾破為離**」，心目為咎。「**中有真陰**」我們心念裏頭中間有真陰。

「**得南方火炁，砂之象也**」，精神健旺向上走，是南方陽明之火；向下走是北方真陰之水。「**學人欲了命宗，必須以性為主**」，我們修道的人，想修後天的命長生不死，就要以修性為主，一定要達到明心見性，心念清淨一念不生。

「故曰，金以砂為主，而此離中砂性，得火則飛」，離指後天，我們精神一來，心火旺了思想就紛飛「未易降伏」，打坐時思想念頭很難靜下來，因為陽氣來了。要怎麼樣靜下來呢？「仍賴北方水中之金以制之」。這個講得很明確了，我更明確的說，真正修到氣住脈停心氣歸元，就是老子講的「虛其心，實其腹」，整個身體定住了，外表的呼吸也停了，六根大定。那個時候想要起思想、起妄念、起煩惱，也起不來了。這是說，南方離中真火亂跑亂飛的，道家有時比喻它像一條龍，降龍伏虎，就要老虎在水中生活，也就是氣凝住了。換句話說，心動氣就動，氣動心就動、念就動。你要是做不到念不動，有一個方法可以做到，你氣住了，念就不動了，它倆是伙伴。如果不把氣降伏住，你想做到完全的念不動是不可能的。偶然做到的清淨，是假象不是真象。

「學人欲了性宗，又必須以命為基」，修命是基礎，真正氣住才是命根啊！今天有個朋友跟我講，他已經修到胎息了，已經得到真息。我告訴這位道友，你不要瞎扯！什麼叫胎息，你連影子都沒有摸到。修到胎息真息就氣住脈停了，真到了氣住脈停就忘身啦。莊子說「坐忘」，就是沒有「我」的感覺，沒有這個身體感受了，可以與虛空合一。所以說「青天莫起浮雲障」，這還是第一步。再進一步，假設我修到了也不會跟你講，講了也沒有用，因為你第一步都沒有到，講了以後會害了你，增加你腦中很多幻想，哎呀！我快到了快到了！你那是到了精神分裂了！這個東西是科學的，一步一步的工夫，到了這個時候內氣充沛充實了，氣住脈停了。

「**故曰，稟和于水銀**」，所以上面說的這個比喻，「**要知砂與水銀，原是一體，同出而異名者也。**」譬如老一輩的中醫小兒科，經常用到朱砂，道家畫符也用朱砂，朱砂和水銀都是經過礦砂提煉以後變成的，所以有時人有精神病的時候，用朱砂治療。醫藥書上講朱砂可以鎮邪，妖魔鬼怪都怕它，實際上是鎮定劑。不過你們不要亂吃！這不是開玩笑的，我不過講學理給你聽，用起來很難用。

外丹的故事

講到這裏我想到一個故事，佛教有藥師佛，專門走藥的路可以成佛，這個太高明也很難。文殊菩薩叫善財童子去採藥，善財童子就在地上拔起一棵草說，行了，藥採來了，天下大地哪裏不是藥！這個話是真的，什麼都是藥，都可以救人也可以殺人。譬如剛才講朱砂，我有個和尚朋友，他不但是佛家，連道家都很高明，我很佩服他。我年輕時常在他那裏讀書，他的書櫃有兩個是三把鎖鎖住的。他越鎖我越好奇，非要他打開給我看不可。他說道家天機不可洩漏。後來我終於看到了，都是手抄祕本道書，那真是稀罕。

這個和尚是真修道的，工夫也好，後來死在四川一個廟裏。我從宜賓走了半個月，到他墳墓上去拜，很感嘆！他也收了一個出家的徒弟。我罵他徒弟，你師父沒有死，給你們活埋了的！那個徒弟跟那些皈依弟子氣得不得了，好像我是來敲竹槓的。我說，你們不懂，我們兩個分手以前，他在吃早飯，飯裏放一種丹藥，我知道是什麼丹藥，我不贊成他吃。他放的是一種植物，我不講，怕你們去吃，吃死了我罪過無邊。他要我吃一點，我不吃，我說我不靠外藥，修行要靠自己的本事。他年紀比我大二十幾歲，他說他來不及啦！我問為什麼？他說妄念不能斷啊！吃了這個以後妄想就少了，甚至沒有了。他醫理不懂，這個外藥應該吃一週期七天，七日來復，停隔三天，他沒停。這東西的好處是鎮定，吃多就像死了一樣，實際上藥性過去還會復活。他徒弟們不知道，就把他抬去埋了，不就是活埋了嗎！這是我看到修道學佛的實例。

說到藥物的情形，我還想起一個朋友的事，這都是修道學佛的經驗。道家講法財侶地，侶是指同參道友，很難。當你坐在那裏入定，別人也看不出來，跟你開玩笑開慣了，還推你搖你，完了！算不定你死在那裏！說真的，道侶很難，必須要懂得護法才行。我有一次經過四川湖北交界那裏，看到一個大廟子扶鸞。扶鸞不是扶乩，那是在大殿上，虛空吊一支筆，那個神一來，那支筆自己會寫字！叫做鸞壇。那真有點稀奇了，筆懸空吊的，墨在旁邊，它自己會過來沾墨，在紙上就寫起堆積如山的字。人問什麼事，寫個條子放在那裏，它都寫在上面答覆你，很靈。

我那天經過那裏，看到一個瘋子，大家把他綁起來，送去給這個菩薩醫，有個年輕的乩童，菩薩附在他身上。這個瘋子力量很大，七八個人才抓住他。結果那個年輕乩童一來，那麼一抓，瘋子就動不了，再把他綁起來，吊在大殿菩薩前的樑上。於是乩童就跳到枱上把他這麼一拉，就轉了好幾圈，轉得昏頭昏腦，再放鬆，倒轉。轉到瘋子吐得一塌糊塗，連膽汁黃水都吐出來。我在旁邊看了，佩服萬分，這是醫精神病最好的醫法。轉完了把繩子放下來，那人軟得一塌糊塗，也清醒了。為什麼呢？有一類精神病叫做痰迷心竅，神經阻塞了，中醫的治療，不過是汗、吐、瀉三種方法。發汗，中醫叫做解表。要這個痰迷心竅能吐，須吃什麼藥呢？白礬和人的大便（人中黃），餵下去才能吐。病人發神經力量大，餵不下去，吐也不會吐，拉也不會拉，藥也不吃，你一點辦法都沒有。把他這樣吊起來轉，什麼都吐完了，當然好了，很佩服！這就是藥神，這就是菩薩。你說這是人的力量還是神的力量？

再說這個水銀和朱砂，「原是一體，同出而異名者也」，同出異名是老子的話。換句話說，什麼叫同出？我們的妄念、妄想、煩惱，這些思想就是清淨本身變出來的，所以煩惱妄想與清淨同出而異名。佛家只講修妄念清淨，妄念清淨就是把它變回到本身而已。道家也是這個道理，所以水銀朱砂也是一體變化出來的。

從妄想起修

「其初，原從一體變化而成兩物，其究，還須從兩物變化而歸一體」，氣跟念，我們呼吸之氣，老實講跟念也是一體。我們的心、精也是一體。所以說精氣神三個一體，三個東西歸成一體就得道了，真氣回到本來。「只此真陰真陽，同類交感，相因為用而已」，所以老實講，修道從哪裏開始修？從妄想開始修。學佛也一樣，沒有妄想你修什麼道？唸南無阿彌陀佛，佛家叫人不要打妄想，自己坐在這裏，想到西方極樂世界，南無阿彌陀佛，南無阿彌陀佛，叫人家的名字拚命求，求把我拉到西方，拉到西方……這不是大妄想嗎？但是妄想也是本性上現出來的。

「故曰，變化由其真，終始自相因。變化之法，不過流戊就己，顛倒主賓」，戊土是流動的，我們妄想就是戊土流動；己土是固定的，得定的境界。臨濟宗講賓主，曹洞宗講君臣就是這個道理，同道家一樣，一主一賓。你要曉得真正禪宗的用功，臨濟祖師說，有時候賓中之賓，有時候是主中之主。有時候氣動就跟著氣走，並不要管妄念；有時念動了就跟著念跑；有時候念也不動，氣也不動。所以臨濟宗的叫做四料簡，像做菜一樣，看你怎麼配搭。

「使後天坎離，還復先天乾坤耳」。所以修道就是那麼簡單。「張紫陽云，陰陽得類方交感，二八相當自合親，此之謂也」。他引用張紫陽真人在《悟真篇》上的話，修道就是陰陽交媾的道理，但是要同類，它本身才能交感。有人把這兩句話解釋成採陰補陽採陽補陰，那就不對了！「陰陽得類方交感」，必須要同類才能交感，「二八相當自合親」，二八就是一個半斤一個八兩，兩個相加就是一斤圓滿了。所以真正修道，命功一半，性功一半。換一句話，心念清淨一半，神氣寧定一半，叫做性命雙修，才能成道。

第四十七講

我們講了好幾段理論，與做工夫是有實際關係的。但是一般看來還是空洞的，我本來想把下面的一部分跳過去不講，但是有些年輕同學認為還是需要講，也幫助大家看古書，對舊文學多一些瞭解。從這個立場來看，這是東漢一代的文字，雖然古老，但歷代的文告多半走這個路線，簡單明瞭。中國的方塊字，單字立體的，一個句子包含意義很多。現在我們原文唸過去，必要的時候解釋一下，假如諸位年輕同學有問題可以問。

生命中的同類

「欲作伏食仙，宜以同類者」，修道伏食就是吞下這顆長生不老之藥，伏食的神仙要以同類來修。「同類者」很多，這個裏頭就有問題，譬如說南宗的丹道派，尤其是主張男女雙修的，這個解釋就一塌糊塗了。這種道書也不少，都不屬於正派的，還有很多現在人的著作，在海外乃至於香港都有，都不是正派的。這裏所講的同類，是一個原理。「植禾當以穀」，種稻當然要稻子的種子來種。「覆雞用其卵」，老母雞抱蛋一定要雞蛋才能夠抱出雞來。「以類輔自然，物成易陶冶」，同類的東西修道容易成功。我們講伏食，這個生命同類的東西是什麼？這個問題我們等一下討論。

「魚目豈為珠」，現在有些經書很多都是魚目，不是真珠。最近我們發現連佛的舍利子都是假的，是魚目做的，把魚的眼睛磨成粉壓攏來，加一點亮光就說是舍利子。原來在印度、尼泊爾，有人大量製造假舍利子送人，這個時代什麼都假了。「蓬蒿不成檟」，檟就是樹木，蓬蒿就是草，草不能長成林木。「類同者相從，事乖不成寶」，這個事情搞不對永遠不能結丹。「燕雀不生鳳，狐兔不乳馬」，狐狸和兔子不能餵馬吃奶。「水流不炎上」，水是向下流，不是向上。「火動不潤下」，火不是向下，這些都是比喻我們修道要與同類的東西修。

下面這一段也很清楚，這一段的解釋我不想唸了，比較容易看懂。原文很明白，就是要討論一個問題，究竟我們生命的同類又是什麼東西？我們舉一個例子，這個念頭，這個思想，同呼吸差不多，屬於同類。

思想或者念頭，它是跟著呼吸的。我們普通習慣把思想叫做念頭。我年輕的時候老前輩問我，念在先還是氣在先？他是問我們這個思想先動還是呼吸之氣先動。我說是念先動，氣就跟著動。我是脫口而出，老實講那是冒充的。老前輩不響笑笑不答。我們恭敬而退，下面也不敢問了，他要打坐了。像虛雲老和尚，他一天到晚盤著腿坐在那裡，談話答覆你幾句，然後眼睛一閉。你再問，沒有聲音了，他入定啦！反正不理你了，這些老前輩都有這個風格。我出來以後跟我的老師談起，他說，你答覆得太好了，但是他跟你的意見相反，他認為氣在念之先，因此要修長生不老之術非練氣不可。我說，哎喲！他的問題我正好一刀殺進去，剛好刺到他的痛處啦。老師說有這個味道！老師又問我，你當時答覆有把握嗎？我照實說沒有，我是衝口而出隨便講的。他說，你去注意幾天看，究竟是念先動還是氣先動。過幾天，老師想起來，鬍子一拉問道，參出來沒有啊？念先動氣先動？我說念先動。老師說，對！好！這是重點！

同類修道　心風自在

這句話是說，念頭思想和氣是同類的東西。拿佛家來講，我們這個身體四大皆空，實際上這個肉體生命，是地水火風空五大，屬於身體上的物理性質。骨頭等等以及肉這一類屬於地大，所謂固體的，水大是液體，火大是熱能，風大就是身體流動的這個氣。還有一個是空大，每個細胞中都有空隙，都有氣可以流通，沒有氣流通就會病會死亡。修到了四大皆空，這個肉體可以化掉，第一步是感覺沒有「我」的存在，進一步別人看你看不見啦。到達了四大皆空境界，就是道家所講「散而為氣，聚而成形」。這個氣不是空氣的氣，念頭一動要它凝結攏來，要給你看見或看不見，都可以辦到。不但道家做得到，佛家也做得到。但是道不在這個上面，這只是工夫。當然做到這種工夫也很難，非要至高的定力不可，它的原動力也在這個思想念頭。至於心物一元的形而上道，那完全就是從念頭思想這個路上去的。也就是說，我們坐在這裏入定時，還有沒有知覺？就是這個問題。

現在來討論「定」，不管道家佛家，定有很多種，定中有沒有知覺？如果說入定是無知覺的，這個定沒有用處，又何必修道呢？修成也是一個木頭石頭。如果說入定時候也有知覺，這個知覺同現在的知覺狀況又如何區別？應該說入定的時候，知覺不靠這個呼吸了，不靠四大的風大。古人認為靠風大的關係是個大祕密，所謂散而為氣聚而成形，這個神通變化怎麼來的呢？在佛家有一句話，顯教沒有，密宗裏頭有，就是「心風得自在」。道家後來把佛家的話改了，說到了最高處心息相依。

什麼叫心息相依？也就是心風得自在。我們這個氣，鼻子呼吸是很粗的；進一步是心肺部份的呼吸；再進一步，普通所謂丹田呼吸，胎息，在肚臍以下；再進一步，息到達足跟，整個的停掉而氣住，不需要呼吸了，脈也極少跳動了。到達這個樣子可以說是「心風得自在」，是心息相依的初步，不是坐在那裏數呼吸。不到氣住脈停，心風不能得自在，心息不能相依。心息相依就是心風自在起用，這才有一點同類的現象。

這是本身生命同類的道理，把它配合起來用，叫做陰陽相配。心念思想看不見，屬於知覺部份；呼吸比較有感覺。所以我經常跟大家講，修道很簡單，人的生命兩個部份，一個感覺部份，一個知覺部份。你說我氣脈通了，有光啦，看見什麼，見鬼！活見鬼！看見什麼的境界都是屬於感覺部份。能夠把知覺部份，感覺部份完全訓練到空，自在了，修禪定也好，修道也好，初步的基礎才算有了。自在了以後怎麼辦呢？基礎打好了以後將來再說。這一段我們提出來同類的討論，到這裏為止。

自以為是的修道

現在我們再看原文，「世間多學士」，就是學問很淵博的人很多。「高妙負良材」，自認為高明，自認為很妙，負就是很自負，認為自己是天下第一的良材。「邂逅不遭遇」，歷史上記載很多，古人多數被騙，把黃金煉成丹藥來吃，想長生不老，但又碰不到明師。「耗火亡資財」，化學的丹爐白修了，最後錢被人騙了，丹也煉不成。「據按依文說，妄以意為之」，世界上的人都自認很聰明，很有學問，讀古人的丹經、佛經，看到文字就認為懂了，又根據文字自己做註解。真懂了沒有？沒有懂！我們經常發現，有些同學講佛學真講得好，他懂了沒有？什麼都沒有懂！都是「妄以意為之」。所以禪宗祖師們講過，「依文解義，三世佛冤」，按照文字自己加以解釋，自以為都懂了，過去佛、現在佛、未來佛，都在喊冤枉啊！等於西洋人講，耶穌如果再來，看到我們現在流行的聖經，他一定氣得把自己再釘到十字架上，說我當時不是這樣說的。佛家道家也是一樣，甚至孔孟之說，後人亂加註解的也很多。

「端緒無因緣，度量失操持」，看了丹經道書自己認為都有一套，尤其現在，剛學佛修道幾天，就著書立說一大堆。現在的教主、大師們，新興的年輕一代太多了，看起來就犯了「端緒無因緣，度量失操持」的毛病。真正修道的道理連頭緒都沒有摸清楚。「端」就是開頭，「緒」就是條理次序程序，「無因緣」就是說莫名其妙。修道一步有一步的工夫，一點有一點的境界，一層有一層的效率，人身這個小天地，像太陽在天體一樣，也是一分一秒，一步一步的進行，絕不能躐等，不能超過去。所以程度和限量，也是有一定的，一斗就是一斗，一升就是一升，你做一點工夫效果就是一度。所以要看自己怎麼樣把握。

「擣治羌石膽，雲母及礬磁」，這是講有些修煉外丹的，有人修煉羌石膽，有些專門修煉雲母，有些專修煉磁鐵，配攏成丹。真的磁鐵是可以入藥的，我講個笑話給你們聽，你們諸位不要亂用啊！有一個朋友血壓高得厲害，中西醫都沒有辦法。我送他一個東西，用帶子綁在肚臍上，綁在腿彎裏，血壓就降下去了。是個什麼呢？我說是我煉了六十年一甲子才煉出來的，他就當寶貝一樣。後來我告訴他實話，只是一百塊錢仙丹而已，就是吸鐵石。吸鐵石用得好是藥，還可以止痛，但是你要曉得份量，如果是一點點痛，一大塊吸鐵石擺上去要命啦！不可以。人體裏頭同南北極一樣，也有磁場，所以這些神仙煉丹，吸鐵石都用得上。吸鐵石是很有用處的，古代萬一縫衣服的針頭斷了，進到血管裏，這時候用吸鐵石把它倒吸出來。還不止如此用處，還可以碾成粉有其它用途，也有鎮定作用。

我們上古的物理資料很多，可是一般人，老祖宗的東西不看也不懂。所以這些羌石膽、雲母、礬、磁石也都是藥。明代李時珍是大醫生，也是大藥物學家，醫理學家，花了三十年工夫走遍全國親自實地調查，把中國木本、草本、礦物質、動物的，統統都研究了。他這本《本草綱目》是世界公認的名著，你們要好好念，裏頭有很多的寶貝，很多的偏方，任何一根草一味藥，配合治病都有很多的用處。他花了一輩子的精神，著書傳世想救人的，道家要緊方子的作用，也大部份收錄進去了。

外丹不是真丹

「硫黃燒豫章」，硫黃是藥，也是毒藥，豫章即樟木，江西豫章出產硫黃，更盛產樟木。「泥汞相鍊飛，鼓鑄五石銅，以之為輔樞」，泥汞就是水銀，還有銅等等五金八石在爐子中鍛煉熔化成粉，再把這個粉煉成了丹。我們中藥叫冶煉，冶煉又叫飛，把固體的東西化成粉，很輕微，都沒有形狀的，才可以慢慢把它煉成丹。可惜外丹在我們中國失傳了，外丹比內丹還難煉，假設外丹真煉成功了，這麼一點點吃下去你就不要打坐了，你就成仙了，不成仙也成癲啦，癲了就是瘋了！這些是批駁外丹不對。

「襍性不同類，安肯合體居」，這些藥物性能有時是矛盾，相反的，以五金八石來鍛煉固然成了丹，仍是一個物質的東西。我們的生命不完全靠這個外物質，所以「安肯合體居」，吃到肚子裏也沒有用；就算吃了吸收化掉的話，同我們這個肉體不是同類，也沒有用。大家研究外丹「千舉必萬敗，欲黠反成癡」，所以很多皇帝也煉這個外丹，是僱人去煉，都不成功，煉不成仙。「稚年至白首，中道生狐疑」，從年輕開始學道，學到頭髮都白了，煉到一半自己都不敢相信了。「背道守迷路，出正入邪蹊」，他說這個是背道，不是正道，外丹走到迷路去了，改正歸邪了。

「管窺不廣見，難以揆方來」，他說他們的眼光太小，道家的學識也不夠，在一個竹管裏看天地，所以識見不廣，不知道這個丹究竟是什麼。「僥倖訖不遇，聖人獨知之」，他說一般修道之人，都有僥倖心理，所以禪宗祖師罵人：「你想悟道，先去掉偷心」。什麼叫偷心呢？是偷巧、不老實、不按部就班、玩弄聰明。據我所瞭解，一般人學佛修道都犯偷心、都偷巧，偷巧也就是僥倖。「老師，你告訴我吧！」好像聽了就會。真的告訴了你，你，你也不會，沒有用。

這一段我們再把朱雲陽祖師的註解唸一唸，「此節，嵩破爐火之謬，言一切有形有質者，皆非同類之真也。」真丹是無形無相的，這個要注意了，一般修煉神仙丹藥，硬是以為八卦丹、維他命一顆下去就對了，其實真的丹是無形無相的。「欲鍊還丹」，把生命拉回去返本還源叫還丹，「必須採取藥物」，必須要採長生不老之藥。這個不老之藥，就是我們生命當中「一性一命，本先天無形之妙」，也就是性跟命。老實講我們中文講了半天性命，禪宗把明心見性視為目標，但是心是什麼？性是什麼？看不見摸不著。道家偏重於修命入性，可是命是什麼你也找不到。你說丹田是命，有人腸子開了刀，腎割了一個也活著的，所以命不全在這有形上面。講到開刀，很多朋友很怕，我說，膽子大些，開吧！有人聽進去了，開完刀多活幾年蠻舒服。有時開不好，那個命該死，中西醫藥都毫無辦法。所以我經常跟學醫的同學講，你以為醫藥可以救人嗎？醫生醫藥如果真正可以治病的話，世界上就沒有人死啦。醫藥儘管發達，人照死不誤，這個命不是藥物可救的，命該死誰也沒辦法。

烹煉　溫養　變化

所以一性一命「喻為鉛汞，迥非凡砂水銀」，道家把性命比喻為鉛汞，所以「欲鍊還丹，必是安爐立鼎」，修煉還丹，先要安爐子。爐子比喻我們這個身體，也就是鼎。「藥物入爐」，要把藥物投到爐子裏，「用先天真火煅鍊」。道家這裏又來瞞人啦！這個先天真火哪裏找呢？「喻為爐火，迥非燒茅弄火。還丹工用全資火候」，並不是用柴來做煉還丹的功用，我們修道修長生不老打坐的工夫，最重要是火候。

火候是什麼？等於我們炒菜一樣，同樣的菜，每人都會做，個個味道不同，就是火候問題，廚師的手藝就在火候。有位同學請我到西餐館，據說是國際上最有名的廚師，切了一片牛排很薄，我一吃，那真好！那就是火候。修道火候很難，當靜時要靜，當動時要動。你老是坐著，唸佛啊打坐啊練工夫啊睡覺啊就能成仙嗎？算不定就把你睡死了，得了睡病，沒有動工還不行呢！反之，你老是練氣功運動也不行。所以「還丹工用全資火候」，這八個字要特別注意。

「始而烹煉，既而溫養」，開始做工夫是猛烈的，等於我們煮飯開始要大火，差不多要煮好的時候要細火溫養。「終而變化」，溫養對入定很容易，至於如何求變化就太難了，這是三個階段。我們注意，修道家神仙還丹的工夫，全靠火候。開始第一步大火，到了相當的階段要文火是第二步。這兩步都做到了，第三步你不懂了，就是怎麼求變化。變化難了，也同做菜一樣，本來要半斤豬肝，你只有三兩也做得成功。有一位朋友很會做菜，隨便什麼，在鍋裏滾兩下拿出來就好吃。這個中間變化之妙，修道也是這樣，這是講原理。

這三段工夫完成了，修道還丹，「一粒圓成，脫胎入口，喻為伏食」，在我們這個生命身體上修煉做工夫，做到了凝結就成功了。所謂凝結，道家叫做結丹，佛家講得定，所謂正定的三昧，那是真正得定，不是打坐閉著眼睛叫入定！真正到那時候，「一粒圓成，脫胎入口」，那硬有吞下去的那個情況。說情況也不對，沒有話可以形容，就是那個樣子，叫做「伏食」，脫胎換骨了。「迥非服餌金石」，並不是吃外藥。

「然而金丹大道，萬劫一傳，兼且世人福薄，難逢真師，往往多流于偽術。」道家認為，你沒有這個根骨，不是這個根器，沒有這個身體稟賦，不能成道的，修死了也沒有用；只有這一輩子種善根，修一切萬善的功德，再投胎來，才可能培養出來這個根骨。

第四十八講

笨人迷外丹

我們繼續朱雲陽祖師的註解，「有等狂夫，自負高材博學，不求真師指授，妄認己意，傅會丹經」，自認見解高的狂妄之士，不求明師指導，妄自牽強附會解釋，「遂以凡藥為鉛汞，以燒煉為爐火，以服餌為伏食，既不識端緒，又不知度量。于是廣求五金八石，襍用三黃四神」，現在很多人都吃四神湯；三黃是黃連、大黃、黃芩，清熱瀉下藥。「既非本來同類之物，安肯合體成丹？是猶認魚目以為珠，望狐兔以生馬也。此等偽術，勢必萬舉萬敗，白首無成。」不是同類之物，永遠修煉不成的。「小則耗損資財，大則喪身失命」，搞得不好會為此喪命。「似黠而實癡，當疑而反信。此為守迷背道，出正入邪，不肯自己認錯，轉將錯路指人，遂以管窺蠡測之見，著書立言，貽誤方來。」古人著書，尤其道家佛家著作很慎重，輕易的寫罪過很大，貽誤各方，「塞卻後來途徑，瞎卻後人眼目」。

看到這一代教育的發展，印刷的發達，很多文章，令人看到害怕。我一輩子不敢輕易下筆，所以我親自寫的東西很少，因為一字之差就很嚴重啊！所以我常常開玩笑，現在真要出一個秦始皇來燒書才好，有許多書都該燒，實在沒有用，都是污染。「以至人法眼觀之，無半點是處，此輩尚不覺悟，方且欲僥倖于萬一，豈不謬哉。」在得道的人眼中，都是謬誤，這些人自己還認為已經得道，可以流傳，很嚴重啊！果報不可思議。

「首章指出兩弦真氣」，這一節是結論，「次章獨揭先天金性，三章纔說三性會合，直到還丹入口，位證真人，伏食之旨，已無餘蘊矣。」道家的祕訣，他說在《參同契》已經完全傳給我們了。「但世人惑於旁門燒煉之術，往往假託伏食，而實非同類之真，故此章重言以破其迷。呂公警世詩云：不思還丹本無質，翻餌金石何太愚。引而不發」，呂純陽祖師告訴我們，修煉神仙還丹的大道是無形無相的東西，一般人愛服外丹是太笨啦，他說這個引而不發，呂純陽祖師還沒有完全講完，「其即仙翁破迷之意乎。」

祖述三聖章第十三

若夫三聖，不過伏羲。始畫八卦，效法天地。文王帝之宗，結體演爻辭。夫子庶聖雄，十翼以輔之。三君天所挺，迭興更御時。優劣有步驟，功德不相殊。制作有所踵，推度審分銖。有形易忖量，無兆難慮謀。作事令可法，為世定此書。

素無前識資，因師覺悟之。皓若褰帷帳，瞋目登高臺。火記六百篇，所趣等不殊。文字鄭重說，世人不熟思。尋度其源流，幽明本共居。竊為賢者談，曷敢輕為書。若遂結舌瘖，絕道獲罪誅。寫情著竹帛，又恐泄天符。猶豫增歎息，俛仰綴斯愚。陶冶有法度，安能悉陳敷。略述其綱紀，枝條見扶疏。

易經生生不已的道理

現在回到《參同契》第十三章，這一章後人叫做「祖述三聖」，三位聖人。朱雲陽真人說，「此章言祖述三聖之易，以闡明大道也。」要修道必須要通三個聖人的《易經》，這個三聖是伏羲、文王、孔子。「若夫三聖，不過伏羲。始畫八卦，效法天地」，《易經》的道理是宇宙生生不已，宇宙是常在的，常在叫做生生不已。我們老祖宗伏羲得了道，效法宇宙生生不已這個法則，構成了一個公式，讓我們認識它，就是《易經》的法則。「文王帝之宗，結體演爻辭」，文王把伏羲畫的八卦加了卦辭；文王的兒子周公，接著父親著了爻辭，把功勞歸到文王。

「夫子庶聖雄，十翼以輔之」，這是講孔子著十翼，翼是翅膀，就是《易經》的翅膀，也就是說有十種著作。「三君天所挺，迭興更御時。優劣有步驟，功德不相殊」，由伏羲到文王到孔子，雖然瞭解的深淺有所不同，它的功德流傳後世是一樣的。「制作有所踵，推度審分銖」，中間的秩序，一分一厘都沒有差。但是學《易經》這個法則還容易，「有形易忖量，無兆難慮謀」，有形相八卦的道理，還算易懂，可是「無兆」是形而上的道，就難了解了。

火龍真人的自白

「作事令可法，為世定此書」，這位丹經鼻祖魏真人，他不敢亂著書，但是為什麼要寫這部丹經呢？是留給後世人修道不要走錯了路，並不是為了自己出名而作的。魏伯陽真人寫的這本書，真是了不起，要對他頂禮膜拜，這是前無古人，後無來者的著作。後面雖說寫丹經道書的很多，並沒有超出他的範圍。他這裏等於寫一篇自序，「素無前識資，因師覺悟之」，他這部丹經告訴我們修長生不老之道，跳出物質世界得長生之術，在他之前並沒有一個模子可作參考，沒有前輩善知識的資料。他得了明師傳授，明師什麼人沒有講，道家同佛家不同，因尊師而隱掉姓名，他得到明師的傳授悟了道。「皓若褰帷帳，瞋目登高臺」，他說得了明師傳授以後，皓就是白，像是張大眼睛站在高處，拉開那個窗帘子，看到外面一片光明，都看清楚了。

「火記六百篇」，他這本書就叫火記，火龍真人所記的六百篇。說是六百篇有問題，並沒有六百篇。「所趣等不殊」，趣就是趣向，使我們都懂了修道之路，這個趣是相同的，只有一個原理沒有兩樣。「文字鄭重說，世人不熟思」，古今以來仙佛留下來的經典，修仙修道的法則都有了，只是一般人讀書自作聰明，以為自己懂了，只是文字懂了而已，沒有好好熟思。所以我們說讀道書佛經要萬讀不厭，據我的經驗，每次讀每次理解不同。古人有一句話，「好書不厭百回讀」，就是這個道理。

現在的文章都是短命的文章，尤其報紙上的文章，五分鐘壽命，看完就完了，況且錯的東西很多。現在人讀書沒有好好做到儒家所講「博學之，審問之，慎思之，明辨之」。「博學之」等於現在說搜集資料，什麼都有了。「審問之」，要仔細慎重研究。「慎思之」，還要很謹慎思考、研究。

「明辨之」，哪樣是對的，哪個是不對的，這是儒家做學問四大程序，說得很清楚。據我發現，現在教育是普及了，但是學問越來越沒有，乃至讀到研究所，腦袋都是空的。中國也好，外國回來的也好，多數沒有用。我現在老了，也許我們這個像海一樣的代溝太深了。

「尋度其源流，幽明本共居」，他說修道一定要把學理弄清楚，才好下手做工夫。你要找尋它的源流，搞清楚幽明。明就是光明，幽就是看不見，光明跟黑暗是同源的，陰陽同根的。「竊為賢者談，曷敢輕為書」，他很謙虛，他說我寫這一部著作，給賢者有道德有學問的高明之士看的，使他們懂得修道。不敢說我著書是立言，不敢有這個意思。「若遂結舌瘖，絕道獲罪誅」，他說我假如把中國這個超凡入聖的道法的法則不寫下來，如果從我手裏斷了是罪過的，上天也不會答應不流傳下去。但是「寫情著竹帛，又恐泄天符」，他說我現在要把它寫出來，又怕漏天機。「猶豫增歎息，俛仰綴斯愚」，他說寫這部書的時候，把神仙丹訣、口訣留下來，考慮了很久，很難過也嘆氣，寫也不對，不寫又不對；寫是有罪，不寫也有罪，真是難辨。「俛仰」，仰頭看天，低頭想想，怎麼辨？

「陶冶有法度，安能悉陳敷」，現在我勉強寫出來，這個修煉，像陶冶陶器、冶煉金屬一樣，把修神仙原則說出來。千古神仙，只能傳口訣，沒有辦法傳火候，所以魏真人說哪裏能夠完全詳細寫出來！「略述其綱紀，枝條見扶疏」，把大概原則、要點只能粗枝大葉的陳述，大家自己去仔細尋找，口訣也都在裏頭了。古人著書不像現在，他把這個序言不著痕跡，插在中間。

還丹法象章第十四

以金為隄防，水入乃優游。金數十有五，水數亦如之。臨爐定銖兩，五分水有餘。二者以為真，金重如本初。其土遂不離，二者與之俱。

三物相含受，變化狀若神。下有太陽炁，伏蒸須臾間。先液而後凝，號曰黃輿焉。歲月將欲訖，毀性傷壽年。形體為灰土，狀若明窗塵。

擣治并合之，持入赤色門。固塞其際會，務令致完堅。炎火張于下，龍虎聲正勤。始文使可修，終竟武乃成。候視加謹密，審察調寒溫。周旋十二節，節盡更須親。氣索命將絕，體死亡魄魂。色轉更為紫，赫然稱還丹。粉提以一丸，刀圭最為神。

如何才能還丹

現在他告訴我們最要緊的口訣「還丹法象」，做工夫怎麼樣才能還丹。我們要曉得，在古代陰陽五行《易經》八卦都要懂得；《老子》《莊子》也要清楚，然後才可以談修行。那個時候沒有佛經，魏伯陽真人著書時，佛教還沒有進入中國，所以你就曉得中國文化之偉大，書中的內容，完全用中國文化陰陽五行這些來講的。但是他修煉的方法，同後來佛法進入中國做工夫的方法一樣，不過表達不同而已。佛家用九次第定來說明禪定，就是四禪、四空定再加一個滅盡定。滅盡定等於道家的粉碎虛空，以伍柳派慣用的話叫

「煉精化氣，煉氣化神，煉神還虛」。還虛還不行，你證到了空還是小羅漢，要變成大羅金仙，才是大阿羅漢。大阿羅漢就是佛啦，要粉碎虛空，空都不要，空也要空掉，這是「滅盡定」。佛家從四禪八定的次序，來說明用功的過程，不管大小乘的佛法離不開這個原則。四禪八定幾千年來有幾個真修到？初禪都做不到！達到了初禪還談不到還丹。朱雲陽真人的註解就有佛學在裏頭啦，中國後來道家佛家也混合了。

現在看他的原文，原文就很困難，這一段很重要。「以金為隄防，水入乃優游」，五行金作隄防，水在內才不會泛濫流失。「金數十有五，水數亦如之」，金是現象，拿數來講十五，水的數也是一樣十五，兩個十五合起來三十，三十者一月之象。我們國內的大學很可憐，沒有一個真正懂得古天文學和中國曆法的，古天文幾乎要失傳了。古代曆法是曆法，天文是天文，曆律是曆律，律呂是律呂，氣象是氣象，都是一門一門不同的學問，是由中國天文學來的。中國這一套東西在世界文明史上曾經是最發達的，但那是我們祖宗的，不是我們的。我們這一代中國人交的是白卷，將來在歷史上很難看。

「臨爐定銖兩，五分水有餘」，臨爐等於化學鍋爐一樣，把水和金兩個丟進去煮的時候，「定銖兩」是多少斤水，多少斤金放下去。「五分水有餘」，為什麼用五分水呀？兩樣各一半，「二者以為真，金重如本初」，這兩樣就是金和水，這兩者配好就變成金丹。「金重如本初」，最後煉成功了，黃金原來多重就仍然有多重。「其土遂不離」，四象五行都不離中央戊己之土。「二者與之俱」，青年同學們看道書唸丹經，你們想修道嗎？想學靜坐長生不老，都在裏頭，你去看吧！豈止是天書，比地書都難讀，不曉得講些什麼。你說打坐、修道同這些有什麼關係呀？嘿！絕對有關係。

金丹的真種

現在我們先把原文擺下，看看朱雲陽真人的註解再回轉來討論。「**此**

節言金水二炁，為金丹之真種也」，這一章完全講我們後天生命這個肉體，都跟著五行變化。「金水二炁」這個要搞清楚，我給大家講過的，肺屬金，腎屬水，肝屬木，心臟屬火，脾胃屬土，這是有形的。無形的呢？性，佛家講是以心做代號；命用水做代號。你們學針灸，學醫的，這些非要搞清楚不可。還不止這一點，譬如在座的有些人大便不通，拚命吃瀉藥，我說不要吃藥啦！教你們做一些工夫，在身上搞幾下就通了。再不然不吃瀉藥，吃清肺理氣的藥下去，包你就通了。什麼道理呢？你們要注意，呼吸系統包括氣，肺與大腸相表裏，大便祕結是肺氣不對。大便平素多而稀，也是肺有問題。心臟與小腸相表裏，肝與膽相表裏，都要懂。你說肝有病，有時不一定治肝，懂得最高醫理的，膽的藥一下去，肝就好了。有時候發現膽結石，西醫要開刀，在中醫真懂得的人，不管你的膽，先把你肝的功能健全起來，因為它兩個相表裏。所以這些一內一外都要搞通。

那麼「金水二炁」也是這樣。所以腎為肺之子，肺為腎之母，換句話說，你元氣不夠，腎水就虧損了。有些中醫常常講些嚇死人的話，都是造口業，說你腎虧呀！一聽好像是房事過度而腎虧。中醫所說的腎，主管腦，腦下垂體荷爾蒙不夠就是因為腎。荷爾蒙有兩百多種，一般聽到荷爾蒙好像跟男女性關係混在一起了，所以不懂中醫，不通西醫，都在那裏亂說。其實讀書過度，腦神經衰弱也會腎虧，所以聽到腎虧不要嚇得要死，他可能是指腦，高明醫師要你補腦。所以有時候腦神經思想過度，讀書太用功，憂愁太多，胃會出毛病，是腦神經影響的胃病；還有性生活不節制，胃也會出毛病。中醫講望聞問切，眼睛一看就曉得他的病因，所以修道不那麼簡單。

第四十九講

還丹——金一半水一半

這是很嚴重的一章啊，所謂「還丹法象」，這個能長生不死之藥，脫胎換骨之藥，叫做「丹」。但是這個不是外來的東西，是我們本來有的，「還」就是返回來，找到我們自己本有的長生不死之藥，兩個觀念合起來稱為「還丹」。上一次我們把原文唸過了，我們找重點再唸一道。這兩節的解釋都很重要，之所以不能放過，因為這一段是講修道，所謂神仙丹法，以及現在流行講的什麼任督二脈、奇經八脈、乃至密宗講的三脈七輪等等，究竟怎麼樣才算真正通，重點都在這一章。

這個原文「以金為隄防，水入乃優游，金數十有五，水數亦如之」，都是要把握五行道理，大家五行不熟，研究起來比較難受。黃金的數目為什麼十五，水的數目又是十五，這是什麼意思？「臨爐定銖兩，五分水有餘」，這個臨爐就是煮飯一樣，如化學鍋爐一樣，到那個時候最重要的是份量要搞清楚，都是一半一半，各為五分。要研究《參同契》首先要懂得《易經》的河圖洛書，這個是《易經》的象與數的關係。後天八卦每卦數字對面卦相加為十，是兩個數合攏來就叫合十。佛教及印度的禮貌，兩手合掌叫做合十，也是這樣來的。我們中國的土話，合適不合適，也就是這個合十不合十。所以「五分水有餘」也是講這個合十的道理。

「二者以為真，金重如本初」，這兩種都合十了，合攏來就是我們生命的金性，生命的真諦。那麼金水兩個數字，「金重如本初」，金性就代表天地萬有生命的自性，回到本來面目，本來現狀。「其土遂不離，二者與之俱」，他這一段都是用五行講的，我想原文不加討論。下面看朱雲陽真人的註解，發揮得更清楚，比較容易瞭解。上次講得匆忙，現在我們從頭再看註解。「此節言金水二炁，為金丹之真種也」，這句話我們有得討論啦，他講還丹這一步的工夫，完全是講金水兩個炁。「二炁」是我們生命修道還丹的真正種子，這些種子拿到就脫胎換骨了。

現在先討論金水，金水是五行的代表，上次我們提到過，拿人體來講，肺氣屬金，腎氣屬水。說到金水二炁，由我們鼻子進來的氣到呼吸系統，這個後天有形之氣屬於金氣；腎氣是水氣，上次也提到過，我們借用現在醫學的話來比喻，不能執著，這種液體的水氣生精，是說精氣充足，這是有形的。

金另外代表無形的，就是人性的本來堅固不動光明清淨，心中沒有妄想、雜念，像佛家經常說光明清淨。在自己人性恢復到嬰兒的狀態，在一片光明清淨中，那個是金這個現象，是無形的。這時我們生命裏各種機能，每個細胞都有水氣上升的現象。在心念如如不動的時候就有這一點作用。「金水二炁」，在還丹的時候，也是這樣。鼻子呼吸的氣由粗變細，由細變微弱，變到好像停止呼吸，那麼金性隄防堅固了。所以這個原文「以金為隄防」，就是呼吸氣不動了，雜念亂想也不動了，就像打好一個隄防一樣，隄防也就是內外隔絕了。

工夫做到把一切外緣停止，內在呼吸也可以寧靜了，等於停止了，這時隄防築起來了。達摩祖師不叫隄防，他說此心有如牆壁，牆壁隔絕了內外，外面打不進來，裏面也沒有動念向外跑。內外也是個比喻，不要以肉體為標準，認為閉著眼睛是「以內」，開著眼睛是「以外」，那就錯啦；要體會所謂「大而無外，小而無內」的這個內外。

雖然此時心如牆壁，達摩祖師講這樣並不是道，只是「可以入道」，才有資格入道，也就是道家所講的還丹，才開始返還，這才是真的隄防。道家用古代方法比喻，爐子裏火力夠了，水變成蒸氣，這是我們內部的東西，這個蒸氣就是道家所謂煉精化氣，煉氣化神這個階段。他說這個就叫做水。

「蓋還丹妙用，徹始徹終，只此金水二物」，朱雲陽真人說我們修到返老還童，長生不死脫胎換骨，從始到終只是金水兩樣東西。有些道書只寫一個「些」字，拆開了就是「此二」。

建爐　採藥　火候

「建之即為爐鼎，採之即為藥物，烹之即為火候」，三個階段都有它的變化，但名稱不同。當金水二炁開始回轉還丹的時候，我們這個生命本來回轉的現象，叫做建立爐鼎，爐火起了上面有個鼎。我們打坐做工夫，達到架起爐鼎還不算數，一定要達到還丹這個現象。等於我們在鍋裏熬藥一樣，這個藥起了作用，把它把握住，就變成丹藥，吃下去長生不死。吃下去還不行，等於我們飯菜吃下去了，在肚子裏還有化學作用。所以由採、煉到伏食，慢慢的一切一切都要像熬藥一樣烹，烹是小火烹，這完全靠火候。像煮飯做菜一樣有大火、小火的工夫區別。

所以我們再三講，道家可以傳你口訣，沒有辦法傳你火候。一切都依賴老師是靠不住的，那你永遠做不成。火候只有自己去領悟，所謂意會心傳，也許你超過老師，工夫火候調整得比他還好。這完全靠個人，不是老師們不教，是沒有辦法教的。在佛學禪宗的修持，叫做「知時知量」。等於吃飯，要吃幾口才飽，只有自己知道，只有自己清楚。

現在講了金水二炁還丹，爐鼎、藥物、火候三步，最要緊的工夫都在這個上面，每一步驟現象不同，層次不同，名稱不同，作用不同，靠你的聰明智慧才能了解。修道不是呆板的，說我光要做工夫不想求理論，你不會成功；光靠你學問好理論懂了，工夫不到也不會成功，所以很難。

除了架爐鼎採藥物懂火候以外，「**乃至抽添運用，脫胎神化，無不在此**」，其間何時「抽」減火力，何時「添」加，重點都在此。譬如我們學佛的人，打坐的時候要心念清淨，真到心念清淨空的時候又不能太過了，太過於空與清淨，會出毛病的。所以止觀，有止有觀，這就是定，到了某一個境界，你要有慧力的觀察，就是這個道理。

這個抽添運用之妙，就像岳飛講用兵，「運用之妙存乎一心」，就在於個人，神仙也沒有辦法幫你，他只能傳你方法。譬如我們修道也要為健康而運動，動靜之間如何抽添運用，不能說光盤腿打坐就好，或光練拳就好，其中的抽添運用非常之妙。再進一步「**脫胎神化**」，是講脫胎換骨。我們這個肉體是假的，道家有一句話，「借假修真」，藉這個肉體變化修道。後來宋明理學家也學了這個東西，學了靜坐方法，是偷用佛家道家的；又把所有東西改變名稱，脫胎換骨叫做變化氣質。理學也不是空口說白話，氣質是具體的，不只是抽象形容辭，一個人的氣質真能夠變化，就有一點脫胎換骨的味道了。這是很難的，譬如愛說話的人變成少說話，愛用腦筋的人變成寧靜，這些都是氣質的變化，脫胎就是氣質變化。

變化了以後還不算到達神化之境，這個神化就是「跳出三界外，不在五行中」。我只能向諸位講，我站在學理的立場，研究數十年之經驗，世界上確有此事。千萬億人學這個道，但真學成功很難，不是沒有，不是這個東西騙人，這是個科學，所以我叫它是生命的科學。但是它不像物質科學，不像研究金銀銅鐵物質的東西容易；這個是回轉來研究自己，自己本身就是化學的藥品，就是物理的工具，所以做起來就更難。我常說人可以征服天下，不能征服自己；征服了自己的人就是聖人，就是得道的人。除了仙佛以外，人是不能征服自己的。

隄防須先建

「然學道之士，當知所先後，未有隄防不立，而得金水之用者也」。因此修道家的人，包括學佛修道都一樣，生命的真諦，借用西方哲學的話，真理只有一個，有兩個就不叫真理。所以佛家也叫不二法門，不二就是一個。每一個教主，地區、時代、對象不同，所表達的名稱不同，講的話不同而已。所以學道的，籠統一句叫學道，當「知所先後」。《大學》中有一句「知所先後則近道矣」，也是這個道理。修到哪一步也同火候有關，哪個在先，哪個在後，都有關係。

現在教我們怎麼建立這個隄防，達到內外隔絕。譬如大家打坐，念佛也好修道也好，儘管修持很多年，隄防建立不起來。有時坐在那裏，外面人一跟你講話，或外境界一動，你就跟著動，沒有隄防隔住。所以「心如牆壁，可以入道」做不到，就是隄防沒有建立。隄防沒有建立，就像鍋爐漏水，你永遠煮不成東西，所以佛家稱做「有漏之因」。那個達摩祖師，梁武帝問他佛法，認為學佛修道建廟子，以帝王之尊來做出家人的事情很了不起。但是達摩祖師給他一個釘子碰，說此乃人天小果，有漏之因，真用之修道沒有用。只是做功德有用，死後會升天，來生的福報會更大，是有漏之因；修道是修無漏之果，他說你這個因同果兩個不對。

有許多人，包括我們在內，一輩子喜歡修道，也一輩子離不開世法。有些人最好皇帝也能做，又做官又發財，家庭好兒女好，樣樣好。父為宰相子封侯，我在堂前蹺起腿，最好是這樣。來修道的都是有這種想法，然後又要吹牛救世救人，又想自己修道，他永遠不會成功，就是因為自己心的隄防沒有打好，所以魏伯陽真人這個原文「以金為隄防」，非常重要。下面解釋什麼是金。

喚醒沉睡的靈蛇

「坎中之金，本伏處而在內」，這完全是用陰陽五行八卦來解說的。學過《易經》就曉得，「離中虛，坎中滿」，坎卦上爻、下爻都是陰，中間一爻是陽（☵），所以叫坎中滿。所謂「坎中之金」又怎麼講呢？按照五行的道理，金生水，所以坎中之金是水中金。你們學過算命的曉得除了納甲，還有納音，甲子、乙丑是海中金，所以六十納甲以及納音，並不是偶然的，大家如果把它參透了，那是最好的一部生命科學，包括了物理、化學。把這些所謂陰陽變化弄清楚了，你算八字差不多有點把握了。

我們世界上有水裏金，沙中金，礦中金，還有別的各種金。坎水裏有金，這是什麼道理呢？在我們身體上坎中之金，為水中的金，就是說腰部以下，因為下部生命屬坎卦。不管男女，這個裏頭有金，這個金是堅固顛撲不破的，不死之藥就在裏頭。因為我們欲界的生命，譬如人，是從人體下部出生，下部屬於海屬於水。密宗、瑜珈也那麼講，這個生命在海底。普通人沒有經過修煉，這個海中金永遠沒有發起過，只是跟著愛欲兩性關係向下流走了。就是所謂進入陰門去了，進入地界去了，不能上升到陽門不能升天不能昇華。至於這個裏頭的金，人死了就沒有了。

說金「本伏處而在內」，這個「伏」字注意呀，埋伏在那裏，始終沒有抬起頭來過。所以印度的瑜珈畫一條蛇叫做靈蛇。中國道家則畫一個烏龜一條蛇。這條靈蛇永遠埋伏在那裏，昏沉在那裏，如果抬起頭來，這個生命就變了。

所以「坎中之金，本伏處而在內，然內者不可不出」，我們修道就是把本身裏頭本有之藥引發出來，就叫「還丹」。可惜我們普通人，佛家叫凡夫，平凡地活著，平凡地死去，一生未能把本身的藥引發出來。還丹就是要把坎中之金引出來，自己必須要把海底這個東西釣出來，就是「然內者不可不出」。釣出的方法很多，道家、密宗就是用盡辦法，要把生命這個東西釣出來。平常它伏在海底，有時做壞事，其實做壞事它也在睡覺，它始終沒有清醒過，它一清醒你就成仙成佛，長生不死了。

防止外泄的隄

「金丹作用，必須先立隄防，牢鎮六門，元氣方不外泄」，眼耳鼻舌身意都不動，六根與外界斷絕，就是達摩祖師的話，這個時候「心如牆壁」。隄防建立了，「牢鎮六門」，不受外界任何一點誘惑。真正修道的人，到這個時候很無情的，死了人都不管，也聽不見，天塌下來都不管，才能「元氣方不外泄」，就看你能不能做到「牢鎮六門」。有同學剛才報告，做不到無念。你光在無念上下工夫沒有用，想做到無念的這個意念就在裏頭沒有「鎮牢」嘛！你老想空，老想無念，老想有一個境界，你把六門中的「意」門開得那麼大，欲念那麼大，又想成仙，又想悟道，又想入定，又想證到菩提，然後搞一大堆金丹，你的心都在外漏，都是有漏之因。所以我們講，你上座就上座，把六根關閉了，「牢鎮六門，元氣方不外泄」。

「離中之水，易泛濫而在外」，前面講「坎中之金」，就是水中之金，先講什麼叫水中之金，水的意思是流動性大，就像我們六根門頭都向外流走了。你把六根門頭封鎖不動，不向外流，中間寂然不動，就是建立了水中之金。他先講這一段，再解釋「離中之水」，就是火裏的水。「離」卦代表太陽，代表火，在我們身體上代表眼睛。離中虛，中間是空的，在肉體的內部代表心臟。火裏頭的水，容易泛濫，就是容易漲起來向外流。「然外者不可不入」，火中的水就是我們的念，欲念容易向外流。離是火，火代表生命的火花，男女青春期生命火花越大，欲念越容易泛濫；精力越旺，離中之水越泛濫，越以發洩為痛快。修道並不是壓制的，是昇華的，能夠昇華的話，那比凡夫追求的欲還更快樂。所以這個泛濫是向外的，但「外者不可不入」，不然怎麼能昇華回來證入內在！

「況隄防既立，不許泛濫」，所以隄防打好以後，使它不能向外泛濫，不向外流了。這個不是普通的精蟲卵臟，是指「真精」。到那個時候有境界的，內在可看到它的光明威赫。「真精無復走漏」，開眼閉眼曉得身體內部發亮光，不是太陽月亮電燈的光，是自己曉得亮，那個「真精」威光赫赫，自然不走漏了。「自然優游入爐」，是很自然的，不是說練氣功，什麼外丹功內丹功，什麼蛤蟆功；現在外面還有什麼馬的功啊，牛的功啊！都有書送來，我都看到了，花樣多了，講了半天還有別的法門。我一提你們都知道都笑啦！那都不是，那些都有可能造成猝死。要想自求不死之道，是「優游入爐」，很自然的證到那個境界，優哉遊哉，舒服得很，還要牛功馬功、吊上吊下，這麼痛苦幹什麼呀！

第五十講

水火土互涵

前面講到朱雲陽真人解釋坎中之金同離中之水的道理，這些都是形容辭。「故曰，以金為隄防」，金者代表性，這個性就是本性；「水入乃優游」，這兩句原文他都解釋了，還沒有完。他說「金水兩物之中，本藏戊己二土」，這完全是陰陽五行了，金跟水這兩樣東西裏頭還有土，你們如果學過陰陽五行算命的就知道，子丑寅卯辰巳午未申酉戌亥，十二地支中的「子」，單癸水，只有癸水。地支一個字之中有時包括一樣，有時二樣三樣。所以學算命只曉得背，沒有研究為什麼子之中只有水。譬如到丑，其中就有水金土三樣，就是癸辛己。這是什麼理由？光靠會背去算命，算命不要亂說，會害死人的，有時是造口業啊！依我觀察幾十年，玩這套的人結果都不大好，就是口業造得太多了。

「**土之生數得五，成數得十**」，這要懂得《河洛理數》了，天一生水，地二生火等等。土數屬於五，五數是中間數，得其中。戊己兩個土合起來，都有一半，都有五，兩個五合起來叫做合十。兩個土就合成十，陰陽家的專門名稱叫做納甲，學《易經》陰陽要懂得納甲的道理。「**坎中之金納戊**」，坎是水，水裏的金，金裏包含了戊土的作用。這是中國原始的文化，世界上最古老的一種物理學、一種化學，發明很久了。英國人李約瑟著的《中國科學發展史》，就對中國的古老科學非常推崇，認為是很了不起的東西。現在大家不曉得向科學方面研究，光向算命上鑽，算那些不可知的，騙不了人，只好騙鬼。實際上都是科學的道理，也就是佛學《華嚴經》所說的，重重無盡法界的道理。拿《易經》來說，萬物各有一陰陽，每一陰陽中間又自然形成了一個太極。萬物各有一太極，各有一天地，重重無盡的天地。所以「**坎**

中之金納戊」，你看這就是三重關係了，「是得其十數之五也」，這也叫做得到十數的一半。「離中之水納己」，就是火中之水有己，戊己都屬於土，「是亦得其十數之五也」，也得到五。

「二土合而成圭」，這戊己二土合攏來成圭字。圭是古代最名貴的一種器皿，漢唐叫朝笏，朝笏是由圭變來的，我們普通文學上用的叫「圭臬」，至高無上代表神聖的標準。

金水神氣須調和

「兩弦之炁，恰好圓足」，兩弦我們知道，上半月下半月恰好圓滿，這還是說理論說原理。「故曰，金數十有五，水數亦如之，隄防既立，方及臨爐之用」，這兩個一半都建立了，建立身心二方面，工夫做到了心念絕對清淨，呼吸絕對的回轉，就凝止了。呼吸屬於生理方面，我們這個四大之身的生命是什麼？是氣，就是風大，一口氣不來，人就沒有用了，所以這個肉體的生命在於氣。氣不是呼吸，這個呼吸的氣，是氣的第三重的外形，修道必須要把這個生命的氣回轉來，所以叫做「元炁」。如此一來思想清淨，沒有妄念了，歸到那個清淨境界叫做「元神」。神與氣是兩個半個還在講戀愛，還沒有結合，不過兩個已經把隄防建立了。「方及臨爐之用」，就要到鍋爐裏頭化了。

「臨爐配合，仍舊是金水二物」，修道到後來，神與氣兩個結合了，就是心息相依，但是其中過程極為細微。「但銖兩分數，纖毫不可差錯」，要注意啊！這個時候做工夫，要非常謹慎。像天台宗六妙門入手數息觀，一呼一吸加數字，中間還有很多方法，他們打起坐來，呼吸數了一千次，變成在練氣功了。呼吸是生滅法，進來一定出去，出去一定進來，你數一萬息同你什麼相干呢？還是那一口氣的來回。

究竟為什麼要數息呢？那是調整，臨時用的。一般學者不瞭解，你看宋朝陸放翁這個名詩人，「一坐數千息」，那有什麼用？陸放翁活到七八十歲，總算是長命。但是我相信他不數息也可以活那麼長。他這裏是說有些人光練氣，不曉得管心念，偏了；有些人光念佛或者觀心，不練氣，身體調整不好，也是偏了，修了一輩子也沒有用。借用道家的話，單修性不修命沒有用；光練身體修氣，不修性也沒有用。現在這裏不叫性、命，把它改個名稱叫神、氣二者，這兩個也是代名辭。

「真水真金，二者須要適均」，金和水要調和得好，就是火候了。有許多年輕人要學禪宗，以為禪宗不講工夫，我說禪宗語錄你都懂了嗎？連中文都讀不通、寫不好，你還讀懂語錄？譬如說禪宗臨濟祖師講四料簡，曹洞宗叫五位君臣，同道家講這個「銖兩分數，纖毫不可差錯」是一樣的。所以臨濟祖師說，有時讓主做賓，有時讓主做主，賓主二者也就是這兩樣東西，都是做工夫境界，不是那麼簡單。修道也好，禪宗也好，處處講究工夫，但是一般人不懂。

調和神氣的真意

「**不可太過，亦不可不及。故水止于五分，當防其有餘而泛濫，不可太過也**」，水太多了也不行，漫出來就是太過。有些中老年人去學什麼內丹功，蛤蟆功，現在牛功馬功都有了，我說你會出毛病的，因為他練得太過啦！練太極拳也好，少林拳也好，太過了非出毛病不可。練得不及或不夠，也沒有用。修道也一樣，要防真氣的走漏，漏丹泛濫會出毛病；金也是這樣，念頭要它清淨，完全不動了，變成白痴也不對。

「**金亦須五分，當重如原初之銖兩**」，要剛到合十，「**不可不及也。金水二者，既得其真**」，要得到真的境界，「**自有真土，調和其間**」。我講過的，真土就是真意，真意不是妄想，也不是執著，也不是念頭，是自然知道。你們千萬不要拿西方哲學家的話，說那是直覺！那不是直覺，因為直覺還是意識境界。真土是自然而知的，就是《中庸》所講的「不思而得，不勉而中」，不要用心就到了，應該怎麼樣，自己就曉得把握，「**調和其間**」是這個道理。

「蓋離中納己，其五分之水，即己土也」，有意無意之間就把握住了。「坎中納戊」，這是納甲，「其五分之金，即戊土也。舉金水二物，而真土在其中矣。」這還是講理論。「及至戊己二土，會入中央，亦適得五分本數」，在有念與無念之間，拿佛家來講，空嘛不是空，有嘛不是有，無念怎麼是有呢？這是「戊己二土會入中央」，在中間結合不動了。拿佛家的方式講，禪宗百丈禪師曾講的「靈光獨耀，迥脫根塵」，就有這個味道。這就是「戊己二土會入中央」，如如不動。這個時候不管下座不下座，你要離開那個境界離不開啦，這就是道家講的工夫來找你。

這個叫做「三家相會，恰圓三五之數」，三家就是神、氣、意，後來也叫做精氣神。因為這個神和氣平常合不攏來的，我們這個思想和呼吸兩個配不起來的，對不對？人在呼吸，思想也在想，兩個各自行動。到要結合時，中間有個媒人黃婆，就是真意，所以要三家結合在一起，結果搞採補的人就把它變成真實事情啦。實際上它只是個形容，要男女雙方見面，中間要有個拉線的罷了。所以《參同契》的原文說，「故曰，其土遂不離」，真意不動，這個真意是非空非有，即空即有。「二者與之俱」，神與氣跟著這個真意也不動了，這個叫做得定。拿佛家來講就是禪定。真正的「繫心一緣」，一心不亂，真得定了。

把精與神修回來

「三五之義，出于河圖」，這個道理，這個哲學的法則出在《易經》的河圖．河圖東南西北四方有黑點白點，「東三南二」東面三點，南面二點，「木火為侶」，木跟火兩個互相為侶。人生的苦境界在這裏要搞清楚，你看兩夫妻多恩愛啊，但夫妻是木火伴侶，所以結婚一定吵架的。「北一西四，金水為朋」，北方一就是水，西方四屬金。「此處但舉金水，而不及木火者」，為什麼不談木火兩個字呢？「蓋以金水為精魄，如人之形。木火為神魂，如人之影。」五行的木屬肝，火是心臟。木火就是我們的神魂，金水就是我們精魄。

魂是看不見的，我們的思想睡著時就變成魂，死後也變成魂，有作用而無形無相，所以沒有肉體就看不見了。魄是有作用有形相，像年輕陽氣就盛，到了老年精魄都散了，眼神也發白了，但是神魂還沒有散。按照《易經》的卦象，這是到了第七變，叫遊魂卦。雖然身體還活著，而神魂遊於虛無之間，這個靈魂快要到土地那邊去了。神魂如人之影，這個影不是我們燈光下的影，是思想上有個影像，等於我們形體上的影子。生命的精魄，精與神是可以修回來的，道家的工夫了不起就在這個地方，這是別家所沒有的，是中國文化特殊的地方。

「形動則影隨，寸步不離，木火之于金水亦然，精魄既合同而化」，你精神魂魄歸到一起而起變化，「神魂亦與之俱妙矣」，只要把神氣凝住，念頭思想就不必管了，妄念自然沒有了，真如正念也自然來了。道家走的是這個路子，而佛家光在那個念上打主意，搞了半天定不下去，因為氣抓不住。道家是在神、氣上打主意，神氣拴住了，等於把情人抓住了，對方就非回來不可。佛家、道家、顯教、密宗，各有各的長處，應用之妙在乎一心，就是火候；工夫難做就在火候，火候嘛只能講到這裏啦！「**此金丹造化之妙也。**」這還是講原理，解釋原理。

工夫境界的變化

下節講工夫的境界，我們回到老祖師的原文，「**三物相含受，變化狀若神**」，三樣東西含攏來，這個裏頭變化多啦，神妙不可測。下面把境界告訴我們，千古丹經都明白的說了，自己要做工夫的話，這個地方一輩子隨時要看的，那豈止千遍萬遍，你慢慢就悟出工夫，悟出道了。「**下有太陽炁，伏蒸須臾間**」，到這個時候，下面有朝陽出海那個現象，大地光明起來，整個地球由冷變成暖和了。在佛學四加行就是得煖，在密宗就叫拙火，指真的拙火，不是丹田、海底、腸子發燙叫拙火。這時的得煖境界，剎那之間它就來啦。「**先液而後凝**」，這個時候變成真液，從頭頂下來，佛家叫做甘露灌頂，清涼甘甜的水液從頭頂源源而來，所以朱熹有句詩，「為有源頭活水來」。這個時候先是液體而後凝結，「號曰黃輿焉」，黃是地，輿是意志，天地玄黃之象，大地黃昏之象，有這個境界。

「歲月將欲訖，毀性傷壽年」，他說這個東西在人體上，是我們生命本來的，不曉得修行的人，年齡到了人性也散了，精神也沒有了，一天到晚莫名其妙，傷壽年就是要死了。「形體為灰土，狀若明窗塵」，死後化為灰塵，你這個肉體壞了，靈魂這個東西就走了，走了像「明窗塵」，形容得很妙。什麼叫「明窗塵」？太陽照過窗子時，房間裏頭本來看不見灰塵的，太陽光一照就看到了，靈魂隱隱約約飛走，像窗塵一樣，形容得非常妙。

我們看朱雲陽真人的註解，「此節言坎離交會，金丹之法象也」，他說這一節就告訴我們什麼是真正做工夫修道。由於別的道書直接寫男女交媾，因此有的人就搞錯了，把道家變成另外的法門了。其實坎是水，離是火，這個「坎離交會」就是水火相會。火是心中之念頭，也就是龍，水就是老虎，這個老虎要下山吃人，做世間男女的欲事，青龍這個念頭是把握不住水這個老虎的。

「金水兩弦之炁，得真土以含育之，是為三物一家」，調和三家見面，在道家叫做三物一家。三家一結攏來，就要結丹，學佛的人真正得定，叫做入三昧。「其中自生變化之狀」，這個中間有種種變化，「而神明不測矣」。身體內部變化了，心理境界上也變化了，變化太大了，所以有人不敢打坐，怕走火入魔。你還有資格走火入魔嗎？你本來就是魔嘛！

在這個時候注意啦，「蓋前後隄防既已完固，不容絲毫走漏」，但是不要怕，百日築基，六根不動了，什麼境界來都不管了。看見等於沒有看見，聽見等於沒有聽見，這個時候不能走漏啊！這個走漏不是指漏丹，是什麼漏呢？我們凡夫六根都在漏，眼睛老花看不見，眼神漏完了，耳朵聽不見，耳神漏完了。不過，當隄防已完固時，「不容絲毫走漏」，叫做不漏。這個境界完全告訴你了，所以非要反復讀不可。

「爐中真炁，自然發生」，爐中就是我們這個身體，鍋爐一樣，這個時候，什麼奇經八脈，三脈七輪自然打通，一下子自然來的。氣脈真打通了，骨節變得同嬰兒一樣柔軟，到了身輕如葉的境界。所以說真氣發生，氣脈才完全打通，現在把祕密給大家講，這時這個氣脈真正通了。

回復純陽之體後如何

「然後抽坎中之陽，填離中之陰」，離是火，也是心念，離中虛（☲），取坎（☵）中一點真陽之炁，填離中一點真陰，這就成了純陽之體的乾卦（☰）。返本還源，純陽，光明清淨圓滿。所以到這個時候是真炁發生，然後是火候工夫了，到那一步自己曉得。火候太過沒有用，氣會衝出來；如果不夠，你就「抽坎中之陽，填離中之陰」。

這個時候怎麼辦？「北海中太陽真火，熏蒸上騰，須臾之間，離宮真水應之」。老實告訴你就是丹田以下海底的太陽真火，這個拙火發動了。那天講過，拙火也就是靈熱發動。同時上面的真水下來甘露灌頂，很自然的，不要去想它，有一念一動都不是實在的，所以不要動念，這個生命的功能自然來了。

「先時化為白液」，你開著眼睛自己都曉得這一步，放光啦，道書形容為白液，變成水漿那個顏色，「後乃凝而至堅」，所以水火既濟了。密宗修法也告訴你，這一結合變成一個東西，叫丹頭一點。可是你不要把它當成一個實際的，但是也不是不實際！你會說，這麼說叫我怎麼懂？本來你就不懂，你不是神仙，到了神仙境界你就懂啦！「兩者交會于黃房」，上下交會在中宮，有交會感，得大樂。「運旋不停，有黃輿之象」，這個裏頭旋轉得厲害，你會知道，你打坐在那裏天翻地覆，你會嚇死。所以修道要不怕死才行，這個境界，膽子小的就下座了來問老師，那就完了，永遠修不成。平常道理已經懂了，這個時候靠自己指揮。

「所謂嬰兒姹女齊齊出，卻被黃婆引入室也」，這是形容入室很隱蔽，拿現在講太黃，道家常講到黃色地方，他說這個時候等於娶老婆的要派車來接那位小姐了。過去是拿轎子來接，接到這位小姐上轎，男女兩個入洞房了，有這樣一個結合的象徵。那完全是洞房花燭夜，金榜題名時，就是人生得意之狀，有這個味道。這個時候是嬰兒姹女兩個見面了，神與氣結合，卻被黃婆引入室，是真意把它結合攏來。這個時候另一種生命在結合後要開始了，你看這個生命多奇妙啊。

「然此兩物未交之前」，在兩個沒有結合沒有交媾之前，「當以真意合之」，真意若有若無，以已知之性來引導，稍稍留一點意。說小心留意是修道做工夫的話，做工夫的火候，一個人哪能把意留住！一天到晚胡思亂想，意能留住就差不多了。「兩物既交之後」，兩夫妻交合以後「又當以真意守之」，這個就叫定了。「一點陽炁，斂入厚土中，生機轉為殺機」，他說這個時候，要真意守住，這點真陽之氣，「斂入厚土中」，凝結了，收斂了，這個時候就算想起妄想，一個念頭也起不來了。「生機」是本來生生不已，我們這個思想本來是亂跑，這時要起一個念頭起不來，不過「生機」久了也要殺死。

所以道家說，若要人不死先要死個人，並不是叫你真死，是把念頭打死。學佛的人打七，「打得念頭死」，念頭打死了，「方得法身生」，那個不生不死的法身才起來。這個生命，這個時候「生機轉為殺機」，所有念頭都死了。「譬若窮冬之際，萬物剝落而歸根」，就像冬天到來，外界是一片蕭瑟的氣象，所有的一切生命內斂，「故曰，歲月將欲訖，毀性傷壽年」。

這一段朱真人講得很明白啦，是很重要的修道還丹的工夫。青年同學們聽是聽了，聽了沒有用，連我都不懂，我只是講書的。你們聽了不要出去吹，然後又傳人家的道，害死人不償命，將來下地獄去。所以這個不可以騙人，修道不可以未得言得，未證言證，那是大犯禁戒的，在道家叫罪犯天條，不得了的。

第五十一講

氣脈真通時的現象

我們繼續看註解，這是很重要的。上次講到如何是真正的「坎離交會」，道家所謂結丹的現象。不管學佛學道，顯教密宗，我們要研究人的生命，超越現實，進而永恆掌握自己的生命，除了這個路線以外，沒有第二條路。也許我的觀念不一定對，希望大家注意，儘管表達方式不同，如佛教得定，密宗的各種成就，如果分類來說，都有他的道理。但是代表形而上的「性」和形而下的「命」，兩個真正的結合為一，返本還源，這個路線是必然而呆板的。這也就是身心結合，精神和生理混合為一的修煉。這等於說真理只有一個，沒有差別。道家用中國文化的術語，叫它做坎離交會結金丹。

由於道家與密宗的影響，現在很流行講氣脈，氣脈怎麼樣才是真正的通呢？就是前面說的三家會合。許多人是在身上搞感覺狀態，認為氣走到那裏，像蟲爬一樣，有股東西在動，或者發燒等等是氣脈通了，但都不是，那只能叫「凡氣通」。這個名稱是我創造的，意思就是感覺狀態，比普通感覺加強了一些，但不是真正的氣脈通。現在這一段很重要，是講氣脈真正通了，就是這個時候，乃至密宗講所謂中脈，也在這個時候通了。他把這個境界、工夫程序，都在這裏告訴了我們。

「初時神入炁中，寂然不動，似乎槁木死灰」，真正得定的那種情形，神進入炁裏，像裝香腸一樣，把肉裝進來了。這是比喻，不是很妥當，只表示兩個東西混合了。這個神代表我們佛學所講的心，就是說思想，精神進到炁裏了。炁是什麼呢？不是呼吸的氣，不要認為是天台宗的六妙門。拿儒家的觀念來講，打坐數息隨息是治心，就是佛家的調心。因為我們的思想很亂，拿個東西給你把握住，這個不算「神入炁中」。當「神入炁中」時，外面呼吸完全停止了，氣脈完全通了。這時的現象是身體感覺沒有了，身體的障礙沒有了。我們現在都覺得有個我坐在那裏，有這個肉體，如果沒有感覺這個肉體，呼吸完全寧靜，一切的思想寂滅停止了，就連那個靈明知覺之性也清淨了，因為氣的凝住，神與氣兩個結合了，也就是「神入炁中」。

「寂然不動」，這個時候清淨寂然，佛家的說法是「空」，所有念頭一切清淨了，內外完全如如不動，這就叫做入定了。依佛家來講這是正定的一種，這個時候人的外形好像槁木死灰。所以修行用功不到這個程度，都不要談，那都是大家哄著玩！你恭維我，我恭維你，彼此交相騙，以為修道之人就是這麼兩句話，騙過去算了。

那麼這個定要用多少時間才會到達呢？不知道！如果你的運氣好，應該說是你的善行功德夠，就不會遭遇挫折，一路就上來了。假定你的工夫到這個程度，但是善行功德不夠的話，還是要出毛病，各種所謂魔障，障礙會磨難你，所以修道人到這個時候屢成屢敗。經常到達這個境界還不算難，可是呢，破壞掉了又要再來，再來就是要築基，重新來過。再來比較快，但是你善行功德沒有的話，再度遭遇魔障而失敗，卻沒有機會再來了，這個要特別注意，這個地方是講工夫實際境界。

入定後的變化

可是要特別提醒諸位，真正得定如槁木死灰，這個時候要注意了！外形看這個人瘦得不得了，枯槁了，你們可以參考《莊子》《列子》，其中講到列子碰到一個人，本事很大能知過去未來，是得了道的。列子就帶他回來見老師壺子，那人一看壺子就走了，告訴列子說，你那個師父不行了，沒有幾天就要死了。列子就告訴壺子，壺子一笑說，我給他看的是一個境界，你明天再帶他來。第二次一看，那人說，現在你老師看到我有生氣了，有救了。第三次再帶他來看，那個人回頭就跑，下不了結論，跑掉了。所以你看我們普通讀《莊子》《列子》都認為那些是假託比喻的話，其實講的都是真話，是實際的境界。不過沒有人有那些工夫，一般讀書人哪裏懂得！所以都認為是比喻。到這個境界「似乎槁木死灰」，這幾個字要注意，外行人看到好像那人就要死了。

下面你注意啊！「久之生機復轉，一點真炁，希微隱約，滃然上升」，這個定不知要定多久時間，定久了以後，這就真叫氣脈通啦！這是再進一層的一陽來復，再進一層的活子時來了，這是真正的活子時。以道家的術語來講，這一陽來復，一個新的生命重新開始，所謂「生機復轉」。本來入定是槁木死灰，現在一點真氣，他形容「希微隱約」，這四個字並不是有現象，也並不是看得見摸得著的，也不是感覺得到的，是若有若無之間。這就沒有辦法了，要靠你的智慧，到那個時候自然會知道。

「滃然上升」，從哪裏上升？以現在流行的術語，有印度的瑜珈，密宗等等的翻譯，是所謂從海底。在道家古書說，一點真陽從虛無中來。虛無是莫名其妙的空洞之間，空到極點，靜到極點，從下面發上來。但是一說下面兩個字，你可能會抓到一個肚臍，或抓到一個海底了，那都不對的！不要抓個部位。海底、丹田當然有影響，但不是從這裏來，是要靜極而來的。老子講的「致虛極，守靜篤……夫物芸芸，各歸其根」，就是說要空到極點，靜到極點，才會歸根復命，恢復自己原有的生命。老子講得很簡單，幾句話一個原則，沒有講詳細的工夫。

這裏所說的，等於註解了老子那一段的工夫。這個時候「一點真炁，希微隱約，滃然上升」，要注意啊！古文不是隨便引用，朱雲陽用這個「滃」字，不像現代人寫文章，隨意用字，寫古文一個字下得非常慎重。「滃然上升」有水蒸氣的意味，濛濛的這樣上來，就是密宗所謂得了拙火，慢慢一路自然衝上來。

「有如野馬塵埃之狀」，年輕同學注意啊！很抱歉，我發現許多年輕同學，不論你們有什麼學位，乃至博士可以教書了，中國字都認得了，可是不通。「野馬」不是指一匹馬，野馬是什麼呢？這是《莊子》第一篇〈逍遙遊〉所提出的名辭，「野馬也，塵埃也」。所謂「野馬」就是佛經上講的「陽燄」，就是太陽的光影。這個時候陽氣上升，萬一有人工夫到了這個程度，看到光影上升，不要認為這個就是陽氣！這是陽氣的投影，它的本身還不是這個。就像是你眼睛不舒服了，揉一下馬上所看到的現象，那個不算數的。所以說「如野馬塵埃之狀」。

「故曰，形體為灰土，狀若明窗塵」，所以他說外表這個時候定了，像槁木死灰，沒有什麼光華，「此為坎離始媾，大藥將產之法象」。要注意這個！這個叫做「坎離交媾」，也是形容這個童男童女，陰陽交媾，這是大藥將產時的現象。這個大藥就是金丹，自己本身生命中有的，經過自己的鍛煉，恢復了，得了這個藥就長生不死。

乾坤交　大還丹

現在回到《參同契》的原文，「擣冶并合之，持入赤色門。固塞其際會，務令致完堅。炎火張于下，龍虎聲正勤。始文使可修，終竟武乃成。候視加謹密，審察調寒溫。周旋十二節，節盡更須親。氣索命將絕，體死亡魄魂。色轉更為紫，赫然稱還丹。粉提以一丸，刀圭最為神。」這段原文我們假使拿白話做註解發揮，又是一套了。我覺得古人講得很好，不需要畫蛇添足。像宋代的朱夫子朱熹，研究這個就想註解，一輩子痛苦，因為沒有搞通，只好化名來寫註解。這是要真正做工夫才能達到的，不是空洞理論。這一節原文我們唸過了，下面是朱雲陽真人的解釋，每一句都有發揮。

「**此節言乾坤交媾，還丹之法象也。**」注意啊，上一節是坎離交媾，是大藥將發生的一個現象。坎離兩卦，代表了日月，坎卦為月，離卦為日。離卦從哪裏來呢？從乾卦來，乾為天；坎卦從坤卦來，坤為地。天地不是有形的天地，是抽象的天地。乾卦是純陽，乾卦的中爻變成陰爻就是離卦，陽中之陰，所以離卦代表太陽。這太陽中間，拿《易經》的現象上來講，它有黑點，為陽中之陰。坤卦是純陰的代表，中爻一變就變成了坎卦。坎為月亮，月亮本身不能發光，要吸收了太陽的光明才發光。我們今天人類社會在地球上，所看到的天地宇宙的光明，是靠日月運行而來的。太陽月亮本身哪裏來呢？是宇宙自然有個法則來的，這就叫做天地，卦的現象叫做乾坤。現在他拿這一個法則說明人體就是個小宇宙，小天地。所以開始結丹的現象叫坎離相交，進一步超越這個坎離的境界，就是「大還丹」叫「乾坤交媾」，這比坎離交媾更進一步了。

「坎離既交會於黃房，搏鍊兩物，併合為一，養在坤爐之中」，前面剛才講到坎離相交，神進到炁裏頭，念也不動了，那真是一念不生全體現，禪宗有個悟道的偈子就有這兩句話：「一念不生全體現，六根才動被雲遮」。六根就是眼耳鼻舌身意，要怎樣才使他能夠不動呢？非要氣住脈停不可！氣住脈停就是命功，一念不生全體現就是性功。拿道家的立場說這兩個，結合攏來就是「坎離交會於黃房」。黃房在中宮，在人體來講正好在脾胃這個部位，心窩以下肚臍以上。這個中間中心點的部位，神氣自然凝結了，中宮充滿了。大家自己摸摸看，這個部份凹進去，即使你是一個胖子，這裏還是能摸到的。如果這一段凹的，就是沒有打通。真到了這個時候打通於「黃房」，還要定下去，還要凝靜下去。「搏鍊兩物」，「搏」好像揉麵粉搓湯圓一樣，自己在身體的內部揉這兩樣東西，在混合，等於畫太極圖一陰一陽的旋轉。「搏鍊」這樣旋轉，要經過多久？經過多少境界？經過多少層次呢？每人不同，就看個人的機緣、個人的身體、個人的功德成就。在內部「搏鍊兩物，併合為一」，所謂神氣凝結了，無中生有，沒有實質的東西，但是卻有那個作用。凝合在一起了，然後「養在坤爐之中」。

呂純陽的詩：「一日清閒自在仙，六神和合報平安。丹田有寶休尋道，對境無心莫問禪」，就是到達了這個境界。「一日清閒自在仙」，哪裏去找神仙呢？人能夠做到有一天清閒自在就是神仙了。「六神和合報平安」，眼耳鼻舌身意要能和合，心境都在平安境界中。所以「丹田有寶休尋道」，不要另外去找一個道了。「對境無心莫問禪」，心念也空了。「養在坤爐之中」等於呂純陽祖師這個詩的境界。這一段很重要的！世界上打坐用工夫真正能夠到達這樣的，幾乎沒有。

不死之藥

「時節一到，大藥便產，所謂水鄉鉛，只一味是也。」這個時候，一定多久呢？每人都不一定，所謂本身生命產生大藥，這個是長生不死之藥，不是長生不老之藥。根據道家的《黃庭經》，這不是外藥，是自己本身有的「內藥」，叫做「內丹」。道家所謂「上藥三品，神與氣精」，精氣神真正的結合了，這是長生不死之藥。我們為什麼會死，因為精是精，氣是氣，神是神，三樣分開不能凝結。凝結攏來，佛學叫「定」，道家不叫「定」叫「凝」。實際上講「定」是講原則，凝是講那個現象，兩個字各有它的妙用，「凝」比較好。

這個大藥也是本身來的，精氣神在這個時候凝結住了，已經在我們這個身體鍋爐中蘊釀很久了。所以道家比喻像女人懷胎十月，這個「定」等於懷胎的現象，快要生產了。所謂「水鄉鉛」，水鄉又是代語了，所以看丹經道書很麻煩，壬癸水，屬於北方坎卦。「鉛」也是代語，本來水銀的性質很流動，有了鉛水銀就固定不動了。就是說我們的思想雜亂，妄想多，停不掉，一旦精氣元氣凝住了，你要想亂想也想不起來了。你說那不就什麼都不知道了嗎？實際上什麼都知道！但是沒有雜念妄想。

張紫陽真人說：「煩惱無由更上心」，你想要想一件痛苦的事，或又生氣又煩惱的事，都想不起來了。有人打你幾個耳光，吐口水在你臉上，你想自己應該生氣，可是沒有氣了，這個時候就是這樣。所謂「**水鄉鉛，只一味是也**」，只有這一樣東西沒有第二樣，這個就是「藥」。

這個藥是怎麼來呢？所有丹經道書你去研究完了，只告訴你這個時候會有藥來。實際上也用不著講穿，講穿了也沒有用，到那時自然會知道，是一個東西來了。剛才已經跟大家講了，我沒有道，我是說書的，這不是謙虛，我若有了這個藥已經跑掉了，何必在這裏賣嘴巴呢？我是根據學理告訴大家，這個時候只有你自己會知道這個東西來了，這個就是真的到達「結丹」。

所以你不要去追問，追問也沒有用！你打坐連普通的定境都做不到，你懂這個又有什麼用呢？拿去吹牛，然後裝成自己是一個老師的樣子，到處去教人，傳一個打坐，傳一個口訣，那是在造業啊！不可以這樣做！所以你要注意，這裏是個大關鍵，丹經道書不是故意保留的。丹經道書難讀，等於讀司馬遷的《史記》一樣，把全部《史記》都融會貫通，你才會懂某個問題在某一篇、某一句已經有了，都已答覆了。丹經道書的情形也是這樣，他說這個長生不死之大藥，就是「金丹」了。

採丹藥的方法

「大藥既產，即忙採取。當以真意為媒，迴風混合，徐徐從坤爐，升入乾鼎，方得凝而成丹」，這個都講得很明白。注意啊，你們講氣脈通，中脈打通，通了又怎樣？不過像打通一個山路，通了好走路。氣脈通了就是這個意思，不過通了以後還有很多修持。「大藥既產」，這個東西來了，「即忙採取」，趕快要把握，錯過就跑掉了，離開了身體生命，又散之於虛空。如果先動手先用念頭去把握，則變成妄想，沒有用，要出毛病，會走火入魔，因為用思想硬去想出來是不對的。如果後來把握它呢？它已經昇華飛掉了，所以這個重點太難了。「即忙採取」是要像採落果一樣，剛好落地就拿到；剛好一個球拋過來就接到了，這是最難的。這種工夫像伍柳派講「水源清濁」一樣，等於夜裏睡醒男人陽舉或像女人兩乳發脹，就要趕快起來打坐！如果慢一下，在床上多賴一下、昏一下、晚一步起來，那就沒有用啦！剛醒有那個現象時，趕快起來，一凝定就對了。一次一次，身體越來越好，這是「即忙採取」。我剛才說是比喻，你不要說自己每天都有「大藥」，你那個是小藥，不算數。

所以，「採取」並不是有意去做工夫，有意做工夫都是妄想。那麼怎樣採取，誰在採取呢？道家的旁門左道法門很多的，我現在就公開把他打破：有些人傳你，等於在犯手婬，精快要漏時，在某一個穴道指頭一點，把它摳回來，認為那個採回來叫「採藥」。我告訴你，你這是想快死呢！越練得好越快死！像這類人到前面，一看便知，一臉烏氣，慢慢會練到胸口發悶，後腦發脹，兩唇發紫。那等於是閉精的法門，他以為採回來，練到好像無欲了，不是的，男女這兩個穴道不能亂用的。這一派好像有本書叫《性命法訣明指》，就是專傳這個，危險極了！可是很多人去煉，這樣修煉的結果，多半會得肝病死，身體好一點的得肺病死，所以採藥不是這樣採的。

還有些比較正派的，就沒有點這個穴道，而是在精要流走的時候用氣功，就是「忍精不放」。這也是會出毛病的，經脈會閉塞，久了面黃肌瘦，腦力記憶力減退，問題也很多。這雖比剛才所講的旁門好一點，稍稍正了一點點，但還是旁門。所以道家的所謂旁門左道，在《參同契》裏就說有千條又萬縷，演變下來，變成現在的什麼一貫、二貫乃至五貫，以及什麼鴨蛋教、同善社等等。甚至國內外各種道門，像修鬼道的，修靈魂的，哎呀！一塌糊塗！

小心注意的事

這個正道，所謂正統道家採藥，他都告訴我們了，當以「真意為媒」。這個「真意」是什麼意思？想得長生不老之藥的人，還會對自己假意嗎？誠懇得很呢！自私得很呢！哪裏會用假意！這個意思是說，有這個念頭就是假意；所謂假意是虛妄的，佛家叫妄想。妄想就是假意，換個名辭而已。如果用妄念去練氣就通通錯了。這個真意就要懂得佛學唯識的第七識，叫意根，很難形容。佛學有個名辭叫淨念，修淨土念佛的叫念而無念、無念而念的那個念，就是真意。那屬於非空非有，即空即有，並不是妄想。如果你說它動了，趕快採藥來，成丹啦！這是你發瘋了！保你出毛病，因為這就是妄想。真意是若有若無，不迎不拒，坦然而定，稍稍帶一下，兩樣東西就凝結住了。如果你用妄想一加就有作用，有作用而變成後天就完了。結果你採得紅光滿面，精神百倍，一身百脈發脹，非發泄不可，不然受不了。而且衝得厲害會令人發瘋，真的！那個力量一來大得很！一身都發脹，十個指頭都鼓圓，一身都充滿了氣。你秤體重，增加一兩公斤也是有的，都是氣的關係。

這個「真意為媒」的時候，暫時不能休息，一停那個真意跑掉了。「迴風混合」，注意「迴風」這兩個字。鼻子呼吸沒有，身體呼吸也停了，在身體內旋轉，真正的胎息，內呼吸起來了。慢慢的，古文是「徐徐從坤爐升入乾鼎」，從下面上升，到頭頂這裏打開了，中脈通了，升到「乾鼎」。佛像頭頂上的一塊紅色就代表這個，「升入乾鼎，方得凝而成丹」叫做「乾坤交媾」，與外面宇宙陰陽交媾了，這個叫做「天元丹」。由人元丹到天元丹，那是要和宇宙相交的。我經常說，這才叫做密宗的真正灌頂，是凝結攏來而成丹，是謂天元丹。

可是大家要注意，初學的人，有時候也會覺得頭頂發脹，頭頂暈，也覺得空了，不過那是高血壓！幾十年來見了許多學佛學道的，都是三種病死的，腦溢血、心臟病，再不然就是精神分裂。至於因癌症而死的，算是普通的了，算不了什麼！年紀大了，身體裏頭有結塊的東西，有些就是癌。但是如果真到了結丹，決沒有血壓高，決沒有精神分裂，所以你們自己不要胡亂弄。很多學道或學佛的都是自己把自己搞壞的，尤其是老年人，頭昏發脹是不行的，年輕身體衰弱的也是不行的，都會變成精神問題。只有真氣上升，自然打開，那個時候你要它下來停住，都停不住的，那是自然打開。打開以後，就如莊子的一句話，「與天地精神相往來」。平時我們說與天地相往來，那是吹的！天地根本不理你，我們想跟它相往來也辦不到。到這個時候，你不想跟天地相往來還不行呢！它要來找你與你相往來了。

第五十二講

剛才講到「乾坤交媾」的大還丹，到了頂上凝而成丹這一節。

還丹後的鍛煉

「故曰擣冶併合之，持入赤色門」，在頂上與天地精神相往來，與天地交大還丹。所謂天地大還，回轉來，他形容像藥店裏搗藥一樣，還要鍛煉並合攏來。赤色門就是胸口，天地的精神與我們自己的，下來進赤色門到心中。

「此二句，有吸舐撮閉，無數作用在內」，我們一般練氣功做瑜珈術，學密宗道家，「吸」是自然有吸氣的作用。我們的鼻子，渾身的毛孔，也有這個作用，好像永遠在吸氣，把天地之氣吸向裏面。上面那個境界也在吸天地的精華。「舐」，這個舐就很妙了，道家叫做無上之密，過去在道家是不傳的，現在我都公開講。我們當年磕頭求呀，求得好痛苦，學了覺得沒有什麼了不起。我們打坐時，舌抵上顎，這個時候舌頭正立起來，在較後位置有個小舌頭、喉管這裏，就封鎖了。鼻子也直接給他封鎖，自然抵住了，這是講氣脈通了。所以氣脈通了沒有，一看他的體形，由這一點就看出來了。這個你們年輕的不要學了，免得去批評這個那個，那很罪過。

喉結之下，密宗叫做喉輪，認為喉輪下面氣脈打通後，這個人沒有妄想了。道家講得更嚴重，這個喉結，尤其男人看得很清楚，我們身上好幾個結，大家注意沒有？喉結這裏一個，心窩子有一個，下面有一個，尤其女性，盆骨那裏生孩子要打開的。這三個地方三結，這個結都會打開，打開並不是沒有喉結了，喉結照樣有，是裏面打開了。打開了，道家叫做打通生死玄關。這個生死玄關打通了的人，發言吐語的音聲不同了，他可以跳出普通的生死，生死也有辦法控制了。有時大家打坐覺得喉輪這裏很脹，有時到了這裏過不去，像有痰一樣，想吐也吐不出來，就是這個關口沒有打通。

「撮閉」就是前陰後陰收攏來，閉掉了精門。假使是生過孩子的女性，或者年紀大的，這個時候返老還童，變成少女一樣，自然撮閉。這個裏頭的工夫、境界，「無數作用在內」，那實在太多了。一般人打坐，在某一個境界，某一個程度也偶然碰到這種現象，不要認為有道了，那叫瞎貓撞到死老鼠，靠不住的！因為這個時候要能自己作主才算。「無數作用在內」這一句話，在自己的書上就要圈起來，這裏頭東西太多，意思跟你講不完。到這個境界，就是說「天元丹」凝結回來了。

「赤色門，即絳宮乾鼎是也」，絳宮就是心口，由胸口一路起到頭頂的氣脈都是通的。「藥既升鼎，漸凝漸結，又徐徐從乾鼎引下，送歸黃庭」，到這個時候，已經兩三步來去了，中間如果碰到魔障，斷了就斷了，又變成凡夫，乃至變成比普通人還慘！如果都不斷，「又徐徐從乾鼎引下」，從上面下降，「送歸黃庭」，再回到黃庭這個中宮。

防止泄漏的方法

「此時當用固濟之法，深之又深，密之又密。直到虛極靜篤，一點真陽之炁，方不泄漏」。到這一步更難了，又重新回轉來，一上一下就是一升一降，同地球物理一樣。像前兩天很悶快下雨了，古人的詩「萬木無聲知雨來」。萬木包括了草，夏天的天氣悶得連草都不動，一點氣流都不動，悶極了，地心的蒸氣要上來了，所以「滃然上升」。地心的蒸氣上來，一衝到上面剛好碰到虛空中有冷氣團，冷熱一結合，下降就變成雨了。修道也是這樣，這個甘露下降時，自己自然會「吸、舐、撮、閉」，不是要你有意去做。所以奇怪就在這裏，是你身體這個生命，到那個時候都自然會動起來，自然曉得吸，自然曉得舐。口在這裏開了，吃天地的東西，下面自然湊攏來了，前面自然就關閉了。男女都一樣，自然的，不要你指揮它，這是生命的功能、本能。

這樣「送歸黃庭」，到中宮來。此時最難啦！這個時候要能不漏，這並不是指睡夢不遺。「此時當用固濟之法」，什麼法子他沒有講，總之用方法堅固起，絕不能漏，要六根不動，要六根大定。如果突然告訴你股票大跌了，你當然要下座了，那早漏掉了。這個所謂固濟之法，「深之又深，密之又密」，封固了六根不動，「直到虛極靜篤，一點真陽之炁，方不泄漏」。前面已經講過，這又是第二層了，所以「九轉還丹」，道家就是這樣轉，並不是說你把氣從背下面上來，到前面一轉，轉了幾圈就打通了，那不是的。

「故曰，固塞其際會，務令致完堅」，原文講固濟，就是「固塞其際會」，堅固身體與外際的關係，不交感了，必須使他極堅固，這個時候要閉關了。修行人真正閉關是這個時候，普通一般講閉關是沒有資格的。「固塞之極」就是六根不漏了，「一陽動于九地之下」，陽氣又在下發動，「形如烈火」。這個時候厲害了，密宗翻成「拙火」，也叫「靈力」，顯教就是先得四加行的煖。其實佛法的修持都有，顯教佛經上都告訴你了，不過一般解釋經典的法師，不講工夫，所以註解不同。這個「形如烈火」是煖了，拙火發動了，這股力量衝出來，沒有辦法叫它靜止。

體內龍吟虎嘯

「斬關而出，正子時一到，亟當發真火以應之」，這個才叫做「正子時」來了，這裏不是「活子時」，真正自己生命當中的「正子時」，一陽來復，一陽初動。那麼要「發真火以應之」，這就難了。假火是物質之火，我們身上的火在哪裏？佛家有時候叫「三昧真火」，「三昧」是定中的境界，這個真火發動了。有些修密宗觀想火光，結果觀得一身都發燙，以為自己拙火動了，那是很糟糕的，是病相。究竟什麼才是真火呢？我首先給大家講別家的註解你就瞭解了。《楞嚴經》上說「性火真空，性空真火」，就是這個東西。所以「真火」就是「真念」，上面不是用真意嗎？這個地方叫「真火」，就是有念無念之間出來的那個火力。這個火力，叫他熱力也可以。火力哪裏來的呢？你看到打鐵的拉風箱，用風去吹動那個火，所以這個時候，有形的來往，就是練氣了。

「霎時乾坤闔闢，龍虎交爭」，那個境界大得很，整個的下部，頭頂都在動，那硬是動！都打開，全身都有震動的現象，山崩地裂一樣，怕人得很。膽子小一點的話，在這裏就倒了，這叫修逃，趕緊逃避了。很多人打坐有一點境界就嚇死了，不敢坐了。「乾坤闔闢」，闔闢就是一吸一撮一樣，開合很大。「龍虎交爭」就是有爭戰之相。

「便有龍吟虎嘯之聲」，龍吟虎嘯，自己內在硬是有龍吟，聲音大得很，但是坐在旁邊的人不知道。裏面的聲音如雷，有時腦子像打雷一樣，整個的震動了，會嚇死你，人都昏了。下面的氣也在動，上面又龍吟，這些都是實在境界。現在有些人打打坐，腦後聽到煮飯水燒開了一樣吱吱……叫，那個不算，不過已經不錯了。伍柳派的道家叫做「腦後鷲鳴」，這個沒有什麼了不起，是氣脈通過後腦玉枕，沒有走通的關係，那個不是龍吟虎嘯。現在回轉來講「龍吟虎嘯」，那就大了，這個時候所謂真火發動，「故曰，炎火張於下，龍虎聲正勤」，這是一步一步工夫，他講到這裏又停掉了。所以丹經道書之難懂，他不告訴你；不是不告訴你，是你自己會了，所以下面不講了。你說他講了沒有？

文火武火配合烹藥

「大藥初生，用文火以含育之」，這個時候念頭要清淨，用文火了。文火就是小小的火慢慢的燉。先用文火，再用武火來煅，「方得升騰而出爐」，這個時候才能由下向上走。這中間好像沒有答覆，但又答覆了你，裏頭很多問題。為什麼這些古人所謂祖師們，寫到這裏好像都很捨不得講一樣？因為很難形容，很難講！任何一個字下錯了都害死人，後人都會執著那個境相，所以不願把人家教錯了路，寧可簡化而不宣。不像現代人的著作都是吹牛的，自己還沒有三分成就，就講成十分八分了，都是亂騙人。古人不會的，尤其這些叫做傳天地的正道，絕不敢亂來。但是剛才我講過，你要熟讀丹書才懂，因為他散開了，在別的地方已經說了。

「大藥既生，用武火以煅煉之，方得結實而歸鼎。故曰，始文使可修」，開始用文火烹煉，「終竟武乃成」，到了真陽之炁一動，就要武火來了才成功。「此中火候，不可毫髮差殊」，這個火候差一點都不行，難之又難。「當用文而失之于猛，則火太炎矣」，如果該用文火的時候，你用武火來，把他燒焦了。「當用武而失之于弱，則火太冷矣」，應該用武火的時候，你結果用文火，太冷。其實不要說這個，平常大家打坐做工夫修道，也要文武雙全的。有時候要動，不一定死坐的，所以我叫你們要運動，太極拳太文火了，有時候要少林拳武火一點。有時候，你該用文火的時候就要靜，一動一靜之間要能掌握好。印光法師是講淨土宗念佛的，但是他警告後人的話倒蠻對，「動以修身，靜以修心」。

「必相其寬猛之宜，調其寒溫之節，方能得中」，這個「相」字要當動辭來看，不是現象那個「象」。「相」是輔助，他的意思是這個時候，我們要輔助自己的工夫。「寬猛」，拿政治來比方，有時候法網要管理得嚴，這是猛；有時候要寬大。這「寬猛之宜」，該放鬆的時候放鬆，該修整的時候修整。「調其寒溫之節」，該冷該熱，等於冷氣要曉得調整，不然太冷了，得了冷氣病也不對。曉得調整「方能得中」，完全對的時候，就中節了。

「故曰，視候加謹密，審察調寒溫。子時從尾閭起火，應復卦，一陽初動，是為天根。」為什麼講子時呢？一陽來復，陽是從下部發生的，「從尾閭起火」，實際上就從海底、尾閭、會陰穴這個地方發生。「應復卦」，拿《易經》的卦象來講就叫做復卦，一陽來復。「一陽初動」叫做「天根」，從下面來。我們修道人的性命就是靜到極點時從下部動。其實何止修道，每個人也都是這樣，生病就要休息，常常中醫西醫都不管這一套了。我看到人家生病，第一個吩咐注意這個問題。有人生病躺在醫院快要好時想回家，因為精神好了，性的欲念衝動，要回去玩玩了，都是這樣死的。有些病也是那麼得的，有些人，我問他怎樣得病的，他說不知道。其實就是在做愛時得的，這叫高興快活的死，就是這個道理。

自身陰陽要調好

修道也是一樣，你看普通人精神一旺，欲念跟著來了，即使沒有欲念，也漏掉了。所以萬人修沒有一個人成就的，在這第一關就過不去。這第一關縱然給你守住了，這一步一步的工夫，又來了一陽來復，每一關你都過不去。陽氣一來的時候就想陰了，異性相吸，自然的道理。本身的陰陽怎麼配合是你的本事，這是智慧功德，否則你就過不去。那麼你說，我絕對守戒律，又有問題來了，因為「孤陽不生，孤陰不長」。那你說八九十歲還去結婚配對嗎？不是這個，是你本身的陰陽調配，不曉得調配就沒有用，那也是孤陽不生，孤陰不長，這個道理非常難了解！

「一陽初動，是為天根」，道書只講一陽，後面都沒有講，所以一般人看書時只抓住一陽初動，活子時，接下去子丑寅卯……一步一步要跟上來的啊。陽有六個，陰也有六個，陰極了陽生，要第二節再上。拿地支來講，子丑寅卯辰巳是六節，到午時一陰來了。午時以下六節是下半天，所以陽有六爻，陰有六爻。身體也是這樣。就拿背脊骨來說，由下面發動，差不多到了胸這裏，你們有些打坐做工夫，慢慢腰痠背痛，那不過是第二陽要動以前，因為你這一部份有病，還沒有衝過關，所以有腰痠背痛的現象，不是打坐出了毛病。要到「直至六陽純乎乾」，陽氣充滿到頂了，「動極而復靜矣」，動極就又靜了，陽是動是放射，陰是吸收是歸納。

陰陽多變化

「**午時從泥丸退火**」，到了靜態來又下降了，「**應姤卦**」，姤卦有一陰，天風姤（䷫），外卦還是乾卦，乾為天；下卦是巽卦，巽為風。上面五爻是陽的，只有下面一爻陰動，這五陽裏頭一陰多可貴！等於復卦五陰裏頭一陽。我常常講你們不懂《易經》，什麼叫陰陽？那個復卦是五女一男一起在孤島上，孤伶伶的，永遠不曉得回不回得去，這一個男人，五個女人都搶，不曉得多寶貴，那是復卦。姤卦恰恰相反，五個男人在孤島上，只有一個女人，這五男都在追，物以稀為貴。所以學《易經》要懂得「陽卦多陰，陰卦多陽」，這些道理都是哲學，道理很深。從泥丸宮又下降「**應姤卦**」，這個姤字宋朝人改的，原來就是交媾的「媾」，男女之媾。唐朝以前規規矩矩用媾字，宋朝這些理學家很討厭，專門掛假面具，認為這個字不大好看，就把它改成姤了。

「一陰初靜，是為月窟」，這個「月窟」實際上是倒轉來，上面空了，下面充實。天根是下面空了，陽氣向上走，兩個顛倒。宋朝有一個有名的邵康節，他講修道的詩：「天根月窟閒來往，三十六宮都是春」。到這個境界時，天根月窟就是這裏所說的，講天根正是月窟，講月窟正是天根，說陰的正是陽在裏頭，講陽的正是陰的在裏頭。所以天根從下到上，月窟反而從上到下。「天根月窟閒來往」，上下都打通了，「三十六宮都是春」。

「直至六陰純乎坤，靜極而復動矣」，所以，到了靜極純陰的境界時，靜極又陽生了。「故曰，周旋十二節」，「周旋」就是轉圓圈，輪迴，旋轉。「十二節」是十二個節，一年是二十四節氣，六陰六陽，一天十二個時辰。「節盡更須親」，他一節一節完了，一個階段到一個階段，修道由一個程序到一個境界，每個境界都不同，所以我講這是科學的，一步有一步的工夫。「此乾坤大交的法象也」，這是講乾坤大交的境界。

第五十三講

順其自然的鍛煉

我們今天繼續講還丹的法象，法象就是說那個情形，當修持用功到達還丹的境界時，是一種什麼現象。

「動靜相生，循環不息，鍊之又鍊，日逐抽鉛添汞。久之鉛盡汞乾，陰消陽長，方得變種性為真性，化識神為元神。」上次講到這個乾坤大交，從頂上下來，並不是說到達這一步是到家了。有些學佛學密宗的，感覺頂上放光，乃至頂門開了，認為這樣到家了，那還差得很遠！那不過是乾坤交感的開始，還要變化。這個變化用「動靜相生，循環不息」八個字形容。有時候身心乃至經脈骨節，每一個細胞都有震動。有時候靜下來，感覺身心非常寧靜，如此一往一來的循環，並不是伍柳派所講的從背脊到前面這樣轉來轉去叫循環，那是最粗淺的感受。到乾坤大交時感受到「**動靜相生**」，這個循環是一升一降，有時候是靜態，有時候動態。那要經過多少時間呢？不一定了。所以它的原文「**鍊之又鍊**」的鍛鍊，是怎麼鍛鍊呢？就是說這個現象要聽其自然。

諸位假定將來到達這個境界，記住老子的一句話，「道法自然」，不要做它的主，讓它自然。拿佛家在《金剛經》上說的，「凡所有相皆是虛妄」，也就是不執著不要管它。可是怎麼樣不管它呢？是要看住它不理它；等於皇帝坐在那裏不動，滿朝的文武百官跪拜舉動他都知道而不動。以禪宗講法，有時候要像主中之主，有些境相是賓中之賓，賓主是有分的。

這些境相還算是外來，不要認為了不起，其中的變化還很多，因此「**鍊之又鍊，日逐抽鉛添汞**」。汞是水銀，流動不拘的，「**抽鉛**」就是把實質的東西空掉，什麼是實質？感覺這裏有一塊，那裏有個境界，這些身心上的，要儘量空掉。「添汞」就是流動性，心靈的寧靜增一些，這一念知覺的作用，自己做主的，稍微加重些，但仍在靜定中。到達這個時候，不要睡眠了，那不是失眠，而是晝夜長明，白天夜裏都清醒的，可是沒有雜念沒有妄想。也不是完全沒有睡眠，而是不像普通人固定睡眠多少鐘頭。也許過了好幾天又想睡了，一睡也許睡很久也許睡很短；睡眠時一點夢境都沒有，非常寧靜的就睡了。

到這個境界還是初步啊！等到「鉛盡汞乾」，身體內部氣機的變化，這些感受沒有了，整個身體空靈。「汞乾」，妄念雜想也沒有了。這個時候「陰消陽長」，身心的陰境界沒有了。所謂陰要參考佛學的五陰，上次提到過，就是色受想行識。「色」包括了身體四大，「受想行識」是感覺狀態思想等等。這時「陰消陽長」，完全達到禪宗的真正清淨無念，不是我們生理上偶然感受的清淨無念。真正清淨無念是沒有身體的感受，也沒有心念的感受，整個身心是圓融一體。

身心澈底轉變

「方得變種性為真性」，什麼是「種性」呢？他引用了佛學的名稱，譬如煙灰缸是玻璃做的，有玻璃的性，毛巾是棉紗做的，有棉紗的性。人也是各人個性不同，這個不同的個性叫做種性，是前世帶來的種性。明心見性是把種性完全淨化了，然後才到達真性的境界。真性就是本來的清淨自性，所以說「化識神為元神」。「識神」兩個字從佛學變過來的，「元神」是道家名辭。佛學的唯識學把心性分成八個識，所謂思想是第六意識，所以你想把後天的思想空了完全清淨，做不到，必須要到達「鉛盡汞乾」這一步，「方得變種性為真性」，經過變化才能把後天的「識神」變成先天的「元神」。

「陰滓盡除，則尸氣滅而命根萃斷。陽神成象，則凡體死而魂魄俱空。」到這個境界講得很明白了，這五陰境界「陰滓盡」，成為純陽的境界。「尸氣滅」，肉體上的尸氣沒有了，我們出的汗和口腔一切的味道，都是尸體的氣味。不過現在我們沒有死叫做活死人，我們活一百年就是一百年在等死。尸體淨化了，身上的所謂寄生的三尸蟲也沒有了。所以到這個時候，身心的五陰滓子就乾淨了。後天的命根「萃斷」，一下子斷了，斷了不是沒有命了，是後天生死的這個命根斷了。

「陽神成象」，成為純陽之體，這個「陽神」不是道書上畫的，出來一個嬰兒，那是想像的境界，實際上那還是獨影境界。你們看《楞嚴經》就知道，叫做「法塵分別影事」，是一個意識投影，沒有思想。因為人有我相我見，這個我相我見在清淨的時候的一種投影，叫做陰神。

那麼「陽神」是什麼東西呢？是不是身外有身呢？可以有，但是真正的陽神不一定有身。這一步工夫要到時候才知道，現在只告訴大家一句，不一定有身，也可以有身。道家一句話形容，「散而為炁，聚而成形」。一念要它有身就有身，要它空就空，所以真空妙有，妙有真空，到這個境界才是「陽神成象」。「則凡體死」，於是我們凡夫的這個身心性命死了，「魂魄俱空」，凡夫生命的魂魄都空了，也就是心理精神的靈魂，與肉體四大的精力的魄空了。

「故曰，氣索命將絕，體死亡魄魂」，修道到達這個境界時，智慧不夠、定力不夠、魄力不夠的人，就有「氣索」之象，好像自己斷了氣要死了，自已都嚇住了。所以如果不是真正有道之士，往往在這裏失敗了，這個是「氣索命將絕」。所以有時候覺得是入定，其實是昏沉；有時覺得空，有時覺得像是死亡，其中的界限，陰陽之差別就在於智慧的抉擇。「體死亡魄魂」，這個肉體凡軀空掉了，魂魄在交換。

道來時的現象

朱雲陽祖師形容，「關尹子所謂一息不存，道將來契，正此時也。」關尹子是老子的第一個徒弟，當時老子騎青牛出函谷關到西域去，就是現在所講的絲路。他要出關時是偷跑的，也買不起馬，騎了一條青牛。關尹子是函谷關的官員，早晨起來向東方看見有紫氣東來的瑞相，知道今天定有聖人過關。結果看到一個老頭子，眉毛鬍子頭髮都白了，騎的青牛也不肥，也沒有出境證，他就把老子扣留了。老子為他寫了一部《道德經》。關尹子得了這一部書，也沒有辭職就走了，去修道了。在後來關尹子的道書中講，「一息不存，道將來契」。一呼一吸叫做一息，一息不存，斷了氣一樣！他說這個時候道才來，契就是契合。到了真空的境界，雜念自然也空了，自己的呼吸停掉了，就像死掉一樣。這時拿雞毛或很薄的紙，放在鼻孔下都不會動。朱雲陽註解「正此時也」，他說關尹子講的這兩句話，就是描寫「道將來契」時候的境界。

這一段是乾坤大交，上面坎離交講過了，修道到這個境界還早得很呢！現在的人有一點工夫就不得了啦，好像馬上變成聖人了，我講那是「剩」人，多餘的那個剩。我覺得學佛修道先要學作人，以儒家的東西為基礎。儒家注重敬，而得少為足，一點工夫一點見解就自滿了，這是不敬，對自己不尊重。不敬的人就不會謙虛，敬謙是連著的。

「至於伏鍊久久，絕後再甦，心死神活，而鼎中之丹圓滿，光明塞乎太虛矣。」這一段學佛的朋友要注意，好像道家與佛家不同，其實是一樣的。佛在《楞嚴經》上有幾句話，「脫黏內伏」，脫開了，解脫了，「伏歸元真」，歸到一切都沒有了，靜下來了，「發本明耀」，才能夠明心見性。有些青年同學喜歡參禪，禪宗不是隨便談的，也是要真工夫的，到達這個時候明心見性，自性的曙光才流露出來，也就是道家這一段。這裏所引用的，多半也摻雜了佛家的語句。「伏鍊久久」，伏歸元真鍛煉，所謂鍛煉就是修持，再修下去，「絕後再甦」，大死一番，這個階段人就像死了一樣。所以這個時候需要閉關，閉關就是任何外緣都斷絕了。「心死神活」，凡夫的妄想心死掉了，一切欲望求名求利的各種心思都沒有了，男女飲食這些凡夫俗念，也統統死光了。先天的元神比後天的心神還要靈敏，無所不知無所不曉。這就是「心死神活」的情形。

這個時候，我們這個父母所生的軀體當然沒有死，但是每個細胞都變化了，整個脫胎換骨，這時的軀體就叫做鼎。「而鼎中之丹圓滿，光明塞乎太虛矣。」所謂精氣神都改變了，怎麼講法呢？大概就是這樣吧！反正我不是神仙，也不知道，只好根據字面來講。這個所謂「丹」並不是有形的，說它無形嘛，它有這個作用，硬是像有個東西，看不見摸不著。你說它空啊，它是有！你說它有，它又是空的！這是真實的「丹」的境界。完全圓滿了，「光明塞乎太虛矣」，也不是有相的光明，但是也不是無相的光明，所以一講空啊有啊都不對了，連老子也講不清楚，佛也講不清楚，只好說不可說，不可說，不可思議。最後也只好如此了。這個時候真空妙有，妙有真空，落到一邊都不對；只好說中道，你拿到一個中道又錯了。

所以他下面說，「豈非色轉更為紫，赫然稱還丹乎」，這兩句是《參同契》的原文，他說這個時候，顏色轉變了，並不是真的紫色。我們曉得顏色到了最高是變紫，紫過了就變黑。紅橙黃綠藍靛紫到了最後，又變成黑，黑盡又變白了。所以講到奇門遁甲，講到九宮的變化，有一派學陰陽看風水的叫做看紫白，一白二黑三碧四綠等等，紫就是代表最高的陽九之數。「赫然稱還丹乎」，赫然這兩個字形容陽氣，古人所謂「至陽赫赫」，赫赫是光明，太強烈了，你看到都要害怕的。「至陰肅肅」是古文形容陰境界，到了真正的陰境界也是非常莊嚴的氣象。所以至陰至陽都是了不起，不過兩個感受的境界不同。這個形容辭不能亂下的，所以這個時候赫然還丹。

下面講「金丹本乾家所出，還歸于乾，故稱還丹。色轉紫者，取水火二炁，煅鍊而成也。」這兩句話是解釋魏伯陽的原文，道家為什麼稱為九轉還丹？許多元明以後的道家，把九轉還丹只抓住一個九，打坐從背上通前面，轉了九圈了。學《易經》就曉得，「九」是陽數之極，還丹並不一定轉九次，陽極是轉到了純陽的境界，再回到本位叫還丹。現在他解釋什麼叫還丹，「金丹本乾家所出，還歸于乾，故稱還丹」，乾字代表宇宙代表性命本體，我們修道煅鍊出來的自性光明，這個丹不是你修得來的，而是我們生命本來有的。因為被後天的欲望煩惱妄想遮蓋，所以要修道，把這些後天污染清除，自性生命的本有就出來了，叫做還丹。

「色轉紫者」，是顏色到了最高的變化，「取水火二炁」，水火是代表乾坤，也可以代表有形、或無形的，我們講過很多次了。「二炁」不是空氣的氣，也不是呼吸氣，是生命上兩種互相對立的那個能；等於我們身體上有氣有血，有紅血球也有白血球，一切都是對立的。這是把水火二炁「煅鍊而成也」。

他又解釋「還丹有氣無質」，他現在又用這個「氣」了。這是後世印書的方便，應該還是用剛才那個「炁」字。這個氣是後來的人用的，容易看成有形象的氣，而「炁」是中國文化原始的无火謂之炁，那是一種生命的能，不是這個呼吸的空氣的氣。所謂還丹這個作用有氣而無質，並不是有個東西。「不啻如一丸之粉，一匕之刀圭，而其變化若神」，一匕就是中藥店裏竹片削成的小片，挑眼藥用的。刀圭就是藥店裏用的刀，把藥挑在上面。還丹就像一顆藥一樣吃下去，整個身心內外變了。「而其變化若神」，這個變化神妙不可測，是不能想像的，必須要修持到了才知道。

脱胎換骨之後

「已如此，從此脫胎換鼎，再造乾坤，子又生孫，神化不測」，他說修道到了這一步境界乾坤大交的時候，整個身心都變化了，不是父母所生的這個身體了，外表還是一樣，內部整個都變了。所以「從此脫胎換鼎，再造乾坤」，這個生命已經在自己的手裏有把握了，不需要經過死後再投胎了。但是還要鍊，一次一次還要鍊，還多呢！到了這一步，我們這個肉體生命可以說昇華到了神仙境界了。雖是神仙境界還要鍛鍊，「子又生孫」，就是一個生一個重重不盡。這不是說神仙又可以結婚生子又生孫，而是自己的生命不要經過兩性關係，就可以不斷地源源而來生生不已了。

「過此以往，未之或知矣」，所謂神仙修到這裏，他告訴我們過了這個境界，下面還有工夫他都不知道了。這是他不願意說，下面還有事，不是沒有事，不過道書最高明的只說到這裏。文字的原文意你要弄清楚，不要認為看懂了，他說「過此以往」，是過了境界後面還有；要再向前走，「未之」是還沒有到，「或知矣」，不可以推測或者說知道了。說知道那你是假想，不要去假想。「未之」的之字就是到；古文這個「之」同「到」是通用的，學過《易經》就曉得。《易經》有個名稱叫「卦之」，這個卦變成那個卦叫做「卦之」。現在有些年輕人學《易經》，學了以後也著書，裏頭寫了一大堆，「卦之」他也不懂，然後說這個字錯了，把它改了，改得一塌糊塗！「卦之」是個名辭，譬如由乾卦變成坎卦就是「乾之坎」，之者到也，變到那裏去叫「之」。所以古文裏頭有時候這個之字不是虛字。「**未之或知矣**」是說還沒有到，你不要隨便去推測，不要去假想，不要亂想。

下面他又回到上面，「**豈非粉提以一丸，刀圭最為神乎。刀者水中之金也**」，他又把中藥用的器具，拿到道家做比喻，刀是什麼？水中金，金又生水，水中有金，這是地球上物理的現象。這裏講水中金變化出來，水代表流動性的東西。流動性的這個念頭靜止了，那個澄清之謂水，金代表了本性，念頭澄清了，自己本性雜念不起了。「**圭者戊己二土也**」，這個圭字，就是古人見皇帝的時候拿的朝笏，以前講過，土做的，後來有玉做的。道家經常用拆字的，圭是兩個土，戊己二土的作用。我們現在第六意識的意也是土；達到一念不生，靈明自在無所不知，那個也是土。

「**可見徹始徹終，只取金水土，三物變化，而成還丹耳。**」他說可見修道的境界從頭到尾，只有金水土，就是精氣神，也就是神氣意。這三種東西自己給自己鍛煉過來，變成還丹。

「崔公入藥鏡云，飲刀圭，窺天巧」，崔公是古代一個神仙，他著有丹經叫做〈入藥鏡〉，是道家最有名的一篇文章，是講如何修長生不老之藥。崔公說「飲刀圭，窺天巧」，得到了這個東西，就可以看見天地的奧祕。「呂祖沁園春云」，呂純陽作的〈沁園春〉詞裏說「當時自飲刀圭，又誰信，無中產就兒」，他說我當時到了這步工夫，這個藥自己身上得到的，修成功藥吞下去以後，誰能夠瞭解我一個男人，裏頭又生個孩子出來呢？這就是生命重生的意思。所以道書上畫的，打坐肚子裏有個兒子，這些都是比喻的話。是說這個生命的重生，是自己有把握的，不必靠轉胎過來的意思。

下面還有幾句，我們大概唸過去，「此章，全露還丹法象」，它完全透露「係伏食卷中，大關鍵處」，是修道最重要的。「初言兩物相交，則伏炁于坤爐而產藥。繼言一陽初動，則凝神于乾鼎而成丹。前兩節，總是金丹作用，後一節，方是還丹作用。」所以「入藥鏡云，產在坤，種在乾。悟真篇云，依他坤位生成體，種在乾家交感宮，皆本諸此章。」這個都是說明這個境界的，道家是直接講修持的工夫境界。

我說參同契 中冊

建議售價・1000元（三冊不分售）

講　　述・南懷瑾
出版發行・南懷瑾文化事業有限公司
　　　　　網址：www.nhjce.com
代理經銷・白象文化事業有限公司
　　　　　412台中市大里區科技路1號8樓之2（台中軟體園區）
　　　　　出版專線：（04）2496-5995　　傳真：（04）2496-9901
　　　　　401台中市東區和平街228巷44號（經銷部）
　　　　　購書專線：（04）2220-8589　　傳真：（04）2220-8505
印　　刷・基盛印刷工場
版　　次・2016年6月初版一刷
　　　　　2017年7月初版二刷
　　　　　2018年10月二版一刷
　　　　　2020年5月二版二刷
　　　　　2022年8月二版三刷

設計編印
白象文化
www.ElephantWhite.com.tw
press.store@msa.hinet.net
總監：張輝潭　專案主編：林榮威

國家圖書館出版品預行編目資料

我說參同契／南懷瑾講述. -- 初版.—臺北市：南懷瑾文化，2016.06
　面：　公分.
ISBN 978-986-91347-5-0（平裝）
1.太玄部
231.65　　　　104004955